CONFIAR
É PRECISO

MILTON PAULO
DE LACERDA

CONFIAR
É PRECISO

A ousadia de
deixar-se conduzir

Edições Loyola

Dados Internacionais de Catalogação na Publicação (CIP)
(Câmara Brasileira do Livro, SP, Brasil)

Lacerda, Milton Paulo de
   Confiar é preciso : a ousadia de deixar-se conduzir / Milton Paulo de Lacerda. -- São Paulo : Edições Loyola, 2024.

   Bibliografia.
   ISBN 978-65-5504-341-9

   1. Confiança em Deus - Cristianismo 2. Espiritualidade - Cristianismo 3. Liberdade - Aspectos religiosos - Cristianismo I. Título.

24-193055 CDD-242

Índices para catálogo sistemático:

1. Confiança em Deus : Cristianismo   242

Tábata Alves da Silva - Bibliotecária - CRB-8/9253

Preparação: Mônica Glasser
Capa: Ronaldo Hideo Inoue
   Composição sobre a imagem
   de © kieferpix. © Adobe Stock.
Diagramação: Sowai Tam

Edições Loyola Jesuítas
Rua 1822 nº 341 – Ipiranga
04216-000 São Paulo, SP
T 55 11 3385 8500/8501, 2063 4275
editorial@loyola.com.br
vendas@loyola.com.br
www.loyola.com.br

Todos os direitos reservados. Nenhuma parte desta obra pode ser reproduzida ou transmitida por qualquer forma e/ou quaisquer meios (eletrônico ou mecânico, incluindo fotocópia e gravação) ou arquivada em qualquer sistema ou banco de dados sem permissão escrita da Editora.

ISBN 978-65-5504-341-9

© EDIÇÕES LOYOLA, São Paulo, Brasil, 2024

104798

*Agradeço a minha esposa, Catarina,
com quem pude aprender a confiar sempre.*

Sumário

1. Confiar é coisa natural 9
2. A grande dúvida 17
3. O segredo 23
4. Dimensões humanas da confiança 31
5. A hiperdimensão da graça 41
6. Autoestima, confiança em nós 49
7. O que Deus diz sobre a confiança 59
8. O que nos ensina a Igreja de Cristo 77
9. O lado prático da confiança 99
10. Pensando a respeito 109

Referências 117

1

Confiar é coisa natural

Não é raro que, por volta dos onze ou doze meses após o nascimento de uma criança, pais e parentes mais próximos comecem a arder de curiosidade. "Será que ele/ela já consegue andar?" E se postam de um lado e de outro da sala, como se esta fosse a pista da primeira "corrida" do novo "atleta" em botão. De um lado, alguém segura o nenê, que já fica em pé. Do outro, alguém vai chamando entre sorrisos animadores: "Vem! Vem!", enquanto abre, convidativo, os braços para que o improvisado artista ensaie seu andar cambaleante. E ele vem, balançando o corpinho, talvez até caindo uma e outra vez pelo caminho. Que festa, quando ele alcança o outro lado e é abraçado como vitorioso! Desde os primeiros passos de uma criança, acontece a questão de confiar ou não confiar.

Ela vai crescendo e aprende a cada dia coisas novas. Já não precisa engatinhar para atingir o outro cômodo da casa, para alcançar seus brinquedos, para chamar a mamãe, para ir descobrindo o pequeno mundo que a cerca. Não encontrando pela frente caras repressoras, ou sérias demais e ameaçadoras de repreensão, estica as aventuras para satisfazer sua incontida curiosidade. Acredita que são confiáveis os visitantes, os parentes e amigos vindos à sua casa, e não os estranha, a menos que algumas pessoas grandes, com seus exemplos, lhe passem motivos de desconfiança.

Passam rápido os primeiros anos, abrem-se as portas da sociabilidade, e a criança encontra outras crianças do bairro, coleguinhas na escola, amiguinhos e amiguinhas nos passeios, no parque, na praia, no clube. Nem todos serão bonzinhos, é claro, mas o escudo de proteção ainda próximo, de papai e mamãe poderá contrabalançar alguns pequenos desencontros, até mesmo alguns casos de *bullying*.

Aprender a nadar, a andar de bicicleta ou de patins, a jogar pingue-pongue, a ler e escrever, a descobrir novos mundos pelo cinema e pela televisão, assim como mais tarde os primeiros ensaios na internet, tudo isso vai fazendo crescer dentro dela a certeza, a segurança, de que conseguirá sempre mais e mais. A vida se lhe apresenta como estrada real sem limites, tanto quanto sua fértil imaginação a empurra para novos desafios. Os passarinhos, ao pousarem numa árvore, não ficam preocupados se o galho poderá quebrar, porque sua confiança não está no galho, mas em suas asas.

Isso faz lembrar o que dizia Carlos Drummond de Andrade: "Fácil é ser colega, fazer companhia a alguém, dizer o que ele deseja ouvir. Difícil é ser amigo para todas as horas e dizer sempre a verdade quando for preciso. E com confiança no que diz"[1].

---

1. Disponível em: https://www.pensador.com. Acesso em: 05/09/2023.

Como é importante haver por perto alguém confiável e confiante, quando cada um de nós sente faltar o chão por debaixo dos pés; alguém que acredite em si mesmo e no potencial dos outros, para lhes comunicar vida e entusiasmo. Como, aliás, dizia Aristóteles na antiguidade: "Talvez eu seja enganado inúmeras vezes, mas não deixarei de acreditar que, em algum lugar, alguém merece a minha confiança!"[2].

Isso porque a confiança é atitude contagiante, estímulo para despertar entusiasmo, uma das principais fontes da autoestima, tanto para as crianças, que estão crescendo, quanto para os já crescidos, de modo a se confirmarem em seu verdadeiro potencial. Dizia François La Rochefoucauld, fazendo eco à observação de muitos educadores, que a confiança que temos em nós mesmos reflete-se em grande parte na confiança que temos nos outros[3].

Além disso, confiar é necessidade primária entre as muitas que nos acompanham no dia a dia. Confiar é entregar pelo menos em parte a nossa vida nas mãos de alguém. É correr o risco de sermos mais uma vez enganados, justamente quando mais precisamos, quando nos sentimos carentes de segurança, desprotegidos e sem forças.

Sonhamos um futuro de bem-estar, de alegria e sucesso, como todo ser humano normal. Que pessoa não gostaria de se antever forte, saudável, cercada de indivíduos que a queiram

---

2. Ibid.
3. Disponível em: https://www.mundodasmensagens.com. Acesso em: 05/09/2023.

bem, que lhe deem apoio incondicional nos possíveis momentos de dificuldade, que a apoiem e a reanimem nas situações críticas que – Deus nos livre! – possam surgir em dias de trevas nos quais prevaleçam o desespero e o abatimento?

Nem sempre os problemas serão apenas nossos. O afeto pelas pessoas que nos são caras invade, sem pedir licença, o palco de nossa consciência e os porões de nosso coração, pedindo atenção, suplicando socorro urgente. Alguém precisa, então, continuar de pé, acreditando na possibilidade de soluções. Alguém precisa sair de sua área de conforto e ficar disponível para nos ajudar no que for preciso.

Ora nós, ora outros, vamos sendo convocados a partir ao encontro desse novo desafio, para sofrer a experiência bem menos agradável de carregar o peso que não é nosso. Em tais horas, curvados às vezes sob o jugo da incerteza, podemos entender melhor, sentir no fundo da alma, quanto é necessário continuarmos confiando. Como dizia uma velha conhecida, caímos na conta de que "alguém precisa fazer alguma coisa!". É o começo da segurança, da retomada do ânimo, da renovação das forças.

Desencontros assim ocorrem dentro de casa, tornando o ambiente semelhante a um "saco de gatos", "caso perdido" e sem remédio, como dizem. Poderíamos ter vontade de sair correndo sem olhar mais para trás, de fugir para outro mundo, para que nos esqueçam e não tenhamos novas dores de cabeça.

Pessoas da família eventualmente entram em crises de imaturidade, criam conflitos de incompreensão e nos desgastam a paciência, parecendo ignorantes, intocáveis, melindrosas, inabordáveis, incapazes de dialogar. Porém, também é verdade que ninguém é caso perdido. Ninguém é pobre diabo sem remédio. Confiar é preciso!

***

A história dos apaixonamentos está cheia dos episódios mais pitorescos, como o daquele jovem que se encantou com o súbito olhar da estudante de lindas tranças que, ao descer da condução, o encarou, surpresa; ou o da moça desesperada por encontrar namorado, a qual jogou pela janela a imagem do santo a que vinha recorrendo com esse propósito, justamente atingindo, com ela, a cabeça do rapaz que lá em baixo passava e com quem acabou casando-se. Cada um poderia contar sua história, porque dificilmente se há de encontrar alguém que jamais se tenha apaixonado.

A relação de "par" – paquera, namoro, noivado, casamento, viuvez – é, ao mesmo tempo, experiência de grande afeto e de delicadas transações, verdadeira arte de convivência. Está sujeita a muitos altos e baixos, ora pela ignorância de nós mesmos e dos próprios valores, ora pelo egocentrismo retardado de uma infância não trabalhada, ora ainda pela posição existencial de superioridade ou inferioridade que assumimos, longe do equilíbrio de reconhecermos a nós e aos outros como iguais na importância e na dignidade de seres humanos.

Desencontros, em todos esses casos, não são desesperadores. Também aqui é necessário manter a confiança em possíveis dias melhores, na linha do que repetia com razão Norman

Vincent Peale: "Sempre é cedo demais para desistir"[4]. Confiar é preciso!

***

A vida urbana, principalmente nos centros mais populosos, lança-se como rede de contatos obrigatórios para quem se aventura fora de casa, para estudar, trabalhar, divertir-se, passear ou viajar. Cada encontro é um acontecimento, quase sempre imprevisível.

A dificuldade de conhecer todos os detalhes do que vem pela frente traz incertezas e boa dose de insegurança. Nas cidades grandes – até mesmo no país inteiro –, o clima chega a ser de medo e retraimento, como se se avolumassem barreiras a impedir o trânsito descontraído das pessoas de bem. Os noticiários da televisão, com assaltos diários a mão armada e acidentes trágicos nas ruas e nas estradas, acrescentam novas cargas de susto e constrangimento a uma população cada vez mais apavorada.

O medo pode ser paralisante, assim como pode levar as pessoas a saírem correndo para longe do perigo, real ou imaginário. Prudência é virtude para administrarmos tais situações, é claro, mas prudência demais beira à covardia. Diz a sabedoria popular: "Quem não arrisca, não petisca". Confiar, nessas horas, é dar-se permissão de pensar, de calcular e principalmente de agir – queira Deus! – com equilíbrio.

---

4. PEALE, NORMAN VINCENT, *O poder do entusiasmo*, São Paulo, Cultrix, 1967.

Nem é necessário insistirmos no assunto, pois é nesse mar de sargaços que todos navegamos, é nesse túnel mais ou menos tenebroso que viajamos. Apesar de tudo, confiar é preciso!

***

O mundo do trabalho costuma ser representado pelas torres poluidoras de chaminés das indústrias, pelas lojas do comércio alinhadas em ruas inteiras e apinhadas de gente, pelos tratores arando campos e boiadeiros cavalgando nos espaços abertos de pastos e invernadas. A sobrevivência econômica e a produção de alimentos dependem de toda essa movimentação, muitas vezes frenética, dos que vão e dos que vêm, preocupados, aflitos, estressados, impacientes. Pelo alto de nossas cabeças silvam como sopros os aviões a jato, pelas ruas deslizam carros, ônibus e caminhões em enxurrada, atrapalhando os pedestres.

No entanto, o trabalho é importante, embora, em geral, carregue considerável carga de lutas e preocupante pressão de compromissos. Teste constante que é de avaliação pessoal sobre as próprias capacidades e qualificações, o trabalho torna-se companheiro, ora amigo, ora rabugento, da maior parte dos nossos dias. Ao mesmo tempo, estende sobre nós e nossas famílias, qual manto protetor, a garantia de nossa sobrevivência. Como resultado final, acrescenta pontos na autoestima e aperfeiçoa nosso autorretrato.

Não é, portanto, mal necessário, como pode parecer a alguns. É um bem imperativo, ocupação das melhores horas de nossa vida. Também nessa realidade, confiar é preciso. Para tal fim, desde pequenos vamos à escola, para abrir em nós espaços de conhecimento e de cultura geral, num processo gradativo de estudos, preparando-nos para uma saudável qualificação profissional.

Mesmo com o avanço da robótica e das aplicações da inteligência artificial no mundo do trabalho, é preciso continuarmos a confiar. Interessante, entretanto, é estarmos atentos a dados novos, como fez um professor de economia e administração da USP (Universidade de São Paulo):

> Existem diversos grupos de cientistas, futurólogos e filósofos que especularam cenários apocalípticos. Vernor Vinge é um deles. Respeitado professor de matemática e computação da Universidade de San Diego, na Califórnia, escreveu livros de ficção sobre a era em que os computadores e robôs serão equivalentes aos seres humanos – como "The Children of the Sky" (As crianças do céu) e "Rainbows End" (O fim do arco íris). Para ele, isso deve começar a acontecer em menos de 15 anos, e será a maior mudança no planeta após o surgimento da vida humana. O recém-falecido cientista Stephen Hawking era um dos estudiosos da inteligência artificial que mais se preocupavam com as consequências negativas dessa tecnologia. Ele chegou a antever o fim da raça humana como decorrência do poder incontrolável que as máquinas passarão a deter...[5]

É claro que não se deve impedir o crescimento da tecnologia, no entanto, é imperativo que órgãos reguladores administrem a sobrevivência dos postos de trabalho, que garantam emprego digno a todos os trabalhadores.

---

5. FELDMANN, PAULO, Era dos robôs está chegando e vai eliminar milhões de empregos, *Folha de São Paulo*, 29/07/2018, Caderno "Ilustríssima".

2

A grande dúvida

O que nos espera daqui a cinco minutos, ao virarmos a próxima esquina? Não temos bola de cristal para adivinhar quais precisariam ser nossos próximos passos para continuarmos tranquilos e seguros.

Não gostaríamos de errar nas escolhas, conscientes de que plantamos a cada vez as sementes de nosso futuro próximo ou remoto. O que é certo? O que é errado? O que é válido? O que é equivocado?

É comum demais a confusão que se faz entre o certo e o errado, como se fossem posições contraditórias. Vale a pena, antes de irmos adiante, definir com clareza cada conceito.

Certo é o que é seguro, nítido, evidente, como andar à noite por um salão cheio de móveis e degraus no piso, com todas as luzes acesas. Certeza é o mesmo que segurança, possibilitando até correr lá dentro, se houver espaço para tanto. É também assim que podemos nos lançar numa piscina, porque estamos certos de que há água e que sabemos nadar. Por isso mesmo, certo garoto continuava tranquilo no avião que se agitava na turbulência de uma tempestade, durante uma viagem, e explicava: "O piloto é meu pai!".

Em muitos casos, apoiamo-nos seguros em alguma coisa verdadeira. Não hesitamos ao afirmar que a água é um mineral líquido e que o paralelepípedo é granito sólido; que uma lâmpada está acesa ou, pelo contrário, apagada; ou, ainda, que o açúcar é doce, e o sal, amargo. Estamos seguros na verdade.

Diferente é se, equivocados, afirmamos que uma belíssima laranja de cera é comestível só porque muito foi bem-feita pelo artesão; ou que o Papai Noel mora nas montanhas de Korvatunturi, na Lapônia, região da Finlândia, e que na época do Natal viaja com incrível rapidez com suas nove renas voadoras, distribuindo presentes às crianças pelo mundo todo. Isso e muito mais é o que chamamos de "erro", isto é, atitude de segurança numa inverdade, culposa ou não, como acontece em muitíssimas crenças. Embora nascido da ignorância, também o erro, enquanto dura, é, curiosamente, uma *certeza*, porque certeza é sinônimo de *segurança*. Isso acontece tantas vezes com nossas *convicções* equivocadas, com nossas *crenças* ou certezas, por vezes até absurdas, como acreditar que uma ferradura, por trás da porta de entrada da casa, dará proteção contra ladrões.

O oposto do *certo* não é, portanto, o errado, mas o *duvidoso*. O errado é simplesmente uma forma de certeza, certeza sobre o que é falso. Duvidoso é o indefinido, obscuro, incompleto, insuficiente para a compreensão e para o fundamento de uma decisão razoável. É o mesmo que seguir adiante por uma estrada, à noite, com chuva, neblina e... sem faróis. Verdadeira loucura!

Não existe, para quem quer que seja, segurança total, porque clareza total não existe. A experiência de vida, fruto de anos de tentativas e erros, aliada à capacidade de atenção e de observação sobre detalhes, certamente acrescenta boa dose de tranquilidade.

***

Além disso, sobrevém a experiência do mal. Achamos que existem buracos, enquanto na realidade existem falhas, no chão ou nas paredes. Buracos propriamente não existem! Dizemos que está muito frio, mas o frio não existe, apenas está faltando calor. Frio não existe, por mais que se nos arrepie a pele. Falamos de erros, entretanto, o que falta são verdades. Erros propriamente não existem, apesar das consequências sérias da ausência da verdade.

O mal é assim também. Muitas maldades chegam a ser notícia nos jornais, causadas por outras pessoas ou por nós mesmos. Muitas outras acontecem pela fúria das tempestades, dos maremotos, dos tufões, dos *tsunamis*, dos incêndios, das erupções de vulcões, sem falar das picadas de insetos e dos ataques de animais selvagens. Há situações que nos escapam de todo e qualquer controle.

Ainda assim, confiar é preciso, como questão de sobrevivência física e emocional.

***

Ao buscarmos solução para a "grande dúvida" que, como veremos adiante, é o maior obstáculo para a confiança, parece imprescindível recordar "três gestos" ou momentos que estão na base de toda psicologia. Como num salamaleque às avessas, tocamos primeiro a testa, depois o peito e, em seguida, estendemos a mão para a frente. Meros símbolos, claro, de três momentos lógicos do funcionamento de nossa psique.

Na testa simbolizamos o início de tudo. É na mente, primeiro momento, que surgem os pensamentos, os sonhos, as fantasias, as lembranças, os projetos. Ora, sem nos pedir licença, tais percepções descem para nossas emoções de forma automática, criando, num segundo momento, um clima favorável ou desfavorável, para o que acabamos de criar em nossa mente. Na sequência, no terceiro momento, alguma coisa acontece para fora, ou em nosso organismo ou no mundo que nos cerca, como expressão externa ou realização concreta.

Se as emoções que no segundo momento sentirmos forem desagradáveis (perturbação, insegurança, ansiedade...), no terceiro, podemos até experimentar mal-estar físico (dor de cabeça, de barriga, taquicardia...). O problema real não está em nada disso, mas naquilo que, no primeiro momento, plantamos na mente ou aí deixamos entrar. Por outro lado, é importante constatarmos que somos nós os responsáveis pelo que sentimos e pelo que dá errado, tanto em nossa saúde quanto em nossas ações e relacionamentos.

Posto isso, podemos entender, a partir de agora, o mecanismo traiçoeiro que pode levar-nos à infelicidade, perceber a estratégia secreta oposta à experiência feliz de uma vida confiante: a "estratégia da ansiedade".

***

Para entendermos mais concretamente o problema, podemos imaginar um fato possível qualquer, mais ou menos próximo de acontecer. Para dizer a verdade, estamos nesse tipo de situação a cada instante, pois pouco ou nada podemos prever do que encontraremos logo mais.

Suponhamos, por exemplo, que amanhã cedo viajaremos para uma cidade um pouco mais distante. Imediatamente e sem nos darmos conta, nossa imaginação monta, no palco da consciência, uma *previsão*, uma imagem da condução, da estrada, das pessoas que desejamos encontrar, da hora de saída e assim por diante. Até aí, parece estar tudo bem.

Acontece, porém, que, por influência do clima de desconfiança reinante em nossa cultura marcada pela insegurança, fazemos, sem dar tento a isso, duas perguntas impertinentes, quase obsessivas, embora sutis. São elas: "Será que…?"; "E se…?". Ambas induzem de imediato à dúvida, tornando mais ou menos catastrófica a previsão inicial.

Continuando nesse ritmo menos consciente, voltamos de maneira ingênua a fazer as mesmas perguntas, porque a dúvida desencadeou uma ou mais emoções incômodas: intranquilidade, perturbação, ansiedade, insegurança, talvez até angústia. Tais reações, surgidas em nosso campo afetivo, começaram a funcionar como sinal de alarme, denunciando algum perigo assustador, algo misterioso e ameaçador, sobre o que não temos pleno domínio.

Novamente, sem perceber a cilada em que estamos entrando, retornamos às mesmas duas perguntas, sempre capciosas e disfarçadas de prudência, conseguindo apenas com isso piorar o mal-estar. Até que as ondas de negativismo, que partem cada vez mais fortes da previsão catastrófica inicial, acabam atingindo o terceiro nível, o da exteriorização, provocando algum distúrbio físico, como tremores, sudorese, diarreia, palpitação, falta de ar etc., dependentes do tipo da pessoa. O esquema seguinte ilustra esse caminho desastrado.

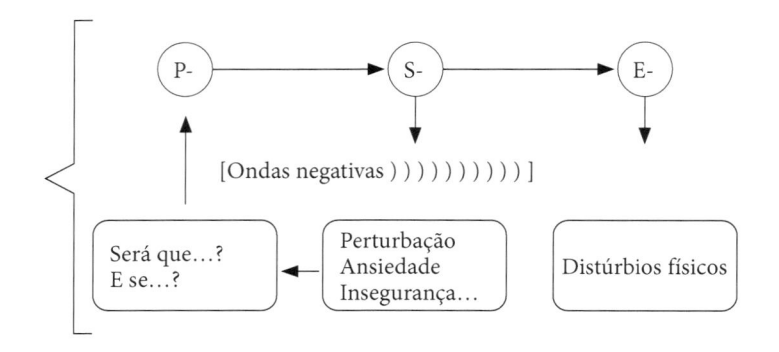

```
    P-  ──────▶  S-  ──────▶  E-
    ▲            │            │
    │  [Ondas negativas ))))))))))) ]
    │            ▼            ▼
 ┌─────────┐  ┌──────────────┐  ┌──────────────────┐
 │Será que?│◀─│ Perturbação  │  │ Distúrbios físicos│
 │ E se…?  │  │ Ansiedade    │  │                  │
 │         │  │ Insegurança…│  │                  │
 └─────────┘  └──────────────┘  └──────────────────┘
```

É o que podemos chamar de "estratégia da ansiedade". Até aqui, o problema. Passemos à solução.

3

O segredo

É importante conhecer e equacionar os problemas que nos afetam. Mais importante, porém, é descobrir caminhos de solução. A razão disso é que, enquanto insistimos em fixar os olhos e o pensamento em nossas dificuldades, e quanto mais olhamos para a dor que nos têm causado, mais gravamos sua imagem negativa e, como consequência, mais nos amarguramos, mais nos deprimimos e desanimamos.

Pelo contrário, depois de termos tomado suficiente consciência do que nos vinha atrapalhando – passo sem dúvida importante para não vivermos alienados –, basta nos orientarmos daí para a frente no sentido oposto, o de uma solução positiva, concreta, o do resgate de nova liberdade para sermos felizes. Tal atitude, além de libertadora, é também mais econômica, porque evita o inútil desgaste que sofrem os que permanecem no muro das lamentações.

***

Seguindo o esquema dos três gestos acima vistos, por ser o caminho normal de nossa natureza, recomeçamos, agora de maneira adequada, a sequência lógica do *Pensar* ▶ *Sentir* ▶ *Expressar externamente*.

Ao estarmos de sobreaviso sobre a infeliz *estratégia da ansiedade* e de suas desastrosas consequências, ao nos vermos na possibilidade de novo projeto, *assumimos de propósito uma previsão positiva*, obrigamo-nos a isso, antes que aquelas duas perguntas (Será que...? E se...?) apoderem-se de nosso pensamento e nos levem ladeira abaixo para o charco do desespero.

Lembro o fato de uma antiga cliente, enredada até então num vício de jogo, que no final do ano havia melhorado sensivelmente. Em vista do recesso de Natal e fim de ano na terapia, levou para manutenção em casa o cuidado simples de repetir com firmeza apenas esta consignação: "Vai dar certo!". Retornando no ano seguinte, expressava um olhar vitorioso. O lema a fizera crescer, confirmando-a na cura. Em poucas semanas recebeu alta na terapia.

Essa atitude decidida de prudente controle positivo é capaz de operar maravilhas. Eu atendia uma vez por semana em São Paulo e saía de Santos muito cedo para começar o trabalho às 8 horas da manhã. Certa vez, meu carro, de quatro marchas, começou a perder força justamente no começo da subida da serra, na rodovia dos Imigrantes. Uma terceira marcha foi insuficiente. Pensei logo no esquema trágico da ansiedade, já bem conhecido, e disse a mim mesmo, com a mão firmemente voltada para o motor: "Este carro vai funcionar perfeitamente até São Paulo!". Era claro haver algo errado na máquina, mas o tempo todo fui repetindo com calma e firmeza o mesmo comando. Chegando a São Paulo, deixei o carro numa oficina próxima ao consultório e fui ao trabalho. À tarde, quando voltei, o mecânico me disse: "O senhor subiu com peças quebradas no cabeçote do motor e com a bomba de combustível estourada".

Não houve milagre nem mágica. Apenas aconteceu que nossa mente tem poder, dado pelo Criador, para fazer mudanças desse tipo. Fatos semelhantes, meus e de outros, vêm comprovando quanto é poderoso o pensamento positivo para fazer melhores a vida e o mundo.

Consequência desse primeiro passo – com certeza, o mais decisivo em todos os problemas – é que passamos a *sentir* paz, segurança, alegria, gratidão, confiança. Como avalanche benéfica, esses sentimentos encaminham nosso organismo para um grande bem-estar, saúde e harmonização do todo. E, nova consequência, abrem portas para relacionamentos sociais saudáveis, descontração alegre e crescimento nos contatos de amizade, dentro e fora de casa.

***

Quem, no entanto, já não se sentiu frustrado em seus propósitos? Podemos dizer que frustrações fazem parte do pão nosso de cada dia. Telefonamos para alguém e só ouvimos o sinal de "ocupado!". Subimos ao ônibus ou ao trem do Metrô e não encontramos assento livre. Abrimos a geladeira, e não há mais leite. Combinamos com o encanador um trabalho, ele promete que virá a tal hora, mas simplesmente não aparece. Preparamos uma surpresinha sincera para alguém da família, e a pessoa mal agradece. Na reunião do condomínio propomos uma solução, ótima a nosso ver, e a assembleia nem toma conhecimento dela. Enviamos para a editora um texto suado, refletido, rezado, finamente elaborado durante meses, e de lá vem um mais ou menos educado "não!".

Muitas iniciativas nossas dão e darão certo; não sejamos pessimistas ou derrotistas, pois as frustrações precisam ser encaradas no âmbito do bom senso, como parte inevitável dos acontecimentos normais de nossa existência. Não há por que se desesperar, não há por que perder a confiança.

Uma distinção importante é a diferença entre expectativa e esperança. A *expectativa* é a maneira de esperar alguma coisa, mas *fazendo questão que aconteça*, de modo exigente. Ora, nem sempre é possível controlar a vida a esse ponto. Por isso, em geral as expectativas são frustrantes, total ou parcialmente. Podem surgir barreiras que impeçam a realização de um sonho nosso, como quando desejamos muito viajar, mas nos falta na ocasião o dinheiro suficiente. Pode haver o caso de dois proveitos desejados, como assistir a dois espetáculos maravilhosos, marcados para o mesmo horário e sem nova apresentação. Já a *esperança*, pelo contrário, não exige nada, apenas aposta na possibilidade daquilo que desejamos. Assim, o que vier é lucro. Essa atitude supõe bastante liberdade interior, desprendimento afetivo.

***

A confiança é atitude desarmada de *abertura* para o que nos cerca. Contrariamente ao gesto de tapar os olhos ante o excesso da luz direta do sol, ou de proteger o nariz ante a invasão da fumaça de uma fogueira, a confiança é repouso tranquilo na contemplação do céu azul, é saboreio gostoso do perfume das flores, como a dama-da-noite ou o manacá-da-serra.

É atitude de *destemor* prudente no contato com pessoas, animais e plantas, porque não considera tais coisas como inimigas potenciais. Vai ao sentido oposto do vício de alguns, sempre mais atentos ao que há de negativo e defeituoso no que lhes aparece à frente.

A confiança é *crença* natural na bondade e na beleza essencial de tudo, e, recordando o que ensina a metafísica, bondade, unidade e beleza são sinônimas da verdade e do próprio ser.

> Crer é um ato de confiança: o verbo hebraico que o indica e do qual resultou nosso "amém", posto como uma chancela nas orações, exprime o "estar apoiado", o "basear-se" em alguém ou em alguma coisa, entregando-se completamente a uma pessoa ou a uma realidade. Crer, portanto, é arriscar-se em relação a alguém altamente misterioso, como Deus, e é por isso que a fé não pode perder completamente o sabor do medo e da suspeita. Luzes e trevas interagem reciprocamente, compondo um incessante contraponto[1].

Confiança é *entrega* de nós mesmos e de nossos pertences, de nossa atenção e de nosso tempo, colocando-nos, nós e nossas

---

1. RAVASI, GIANFRANCO, *A narrativa do céu*, São Paulo, Paulinas, 1942, vol. 1, p. 64.

coisas, a serviço de nossos semelhantes. Imitamos com isso a natureza, sempre exposta e à disposição de quem dela se queira aproveitar, sem oferecer reservas inúteis. Imitamos o Criador que, na oferta e disponibilização de todas as coisas, oferece a si mesmo, porque cada uma de suas criaturas traz na essência a marca registrada de seu Autor, as digitais inegáveis do grande Artista que as plasmou.

A *proximidade* é outra característica da confiança. Como quem estende a mão para o corrimão de uma escada para nele se apoiar, assim também se estende o ânimo de uma pessoa para outra, num pedido de auxílio ou na busca de reconforto e segurança. Mais difícil e raro seria querer encontrar apoio imediato no corrimão de outro prédio ou na ajuda de alguém que mora em outra cidade.

A mira na *satisfação* faz parte igualmente da confiança, pois esta inclui sempre movimento no sentido de preencher alguma necessidade. Há algum grau de esperança de que o objeto e/ou a pessoa, buscados como apoio, serão realmente solução para nossas carências.

Confiança é expressão de possível e mais ou menos urgente *solidariedade*, até mesmo entre os animais irracionais. Basta ver como cães, gatos, cavalos e pombos se achegam naturalmente às pessoas, ao menos quando percebem que não lhes farão mal. Entre os humanos, a natural dependência para com os maiores, experimentada desde a primeira infância, só chega a despertar atitudes de desconfiança quando infelizmente ocorrem maus-tratos físicos ou, pelo menos, agressões verbais, gozações, abusos e outros sinais de menosprezo.

A confiança é *ato de fé*, ora mais, ora menos explícito, na confiabilidade de algo ou de alguém. Podemos, desembaraçados, pegar uma panela, quando acreditamos não estar demasiado quente; ou chupar aquela laranja, degustar aquela banana, porque cremos não terem passado do ponto de amadurecimento. A criança acredita no adulto como prolongamento de seus familiares, e lhe dá a mão e acompanha com ingênua segurança.

A atitude de confiança é ainda sinal e componente da *autoestima*. Quem acredita em si mesmo, em seu potencial e em seus recursos naturais, sente-se bastante à vontade para correr pelo menos os riscos comuns do dia a dia, para enfrentar a novidade de uma viagem, ou da entrevista para um novo emprego. Aliás, "o mais importante para o homem", dizia Thomas Atkinson, "é crer em si mesmo. Sem essa confiança em seus recursos, em sua inteligência, em sua energia, ninguém alcança o triunfo a que aspira". Fazia eco a Ralph Waldo Emerson, que dizia: "A confiança em si mesmo é o primeiro segredo do sucesso".

A confiança é sinal da *assertividade* de alguém, porque exprime clareza sobre o valor de sua pessoa, espontaneamente desencadeando forças internas para proteger e fazer crescer esse valor. Mesmo porque nenhum ser humano é totalmente confiável e nenhuma coisa no mundo é perfeita. A respeito, dizia o poeta Robert Frost: "Educação é a habilidade de escutar quase tudo, sem perder o humor ou sua autoconfiança".

***

Pesquisando através da história e da sabedoria dos povos, encontramos joias a respeito da confiança.

Confúcio (551 a 479 a.C.) afirmava: "Coloca a lealdade e a confiança acima de qualquer coisa; não te alies aos moralmente inferiores; não receies corrigir teus erros". Lao Tsé (533 a.C.), por sua vez, advertia sobre o mecanismo da reciprocidade de quem, em geral, só há de colher aquilo que plantou: "Aquele que não tem confiança nos outros, não lhes pode ganhar a confiança". Publílio Siro, escritor latino da Roma antiga, acrescentava: "Quem perdeu a confiança não tem mais o que perder". E o poeta Horácio: "Quem tem confiança em si próprio comanda os outros".

Mais proximamente, Eleanor Roosevelt, primeira presidente da Comissão de Direitos Humanos da ONU e esposa do célebre presidente Franklin Delano Roosevelt na época da Segunda Guerra Mundial, afirmava aos mais tímidos: "Você ganha força, coragem e confiança através de cada experiência em que realmente para e encara o medo de frente". Que a confiança não dispensa a prudência, já o lembrava o cineasta Orson Wells (1915-1985): "É preciso ter dúvidas. Só os estúpidos têm uma confiança absoluta em si mesmos".

Estes e outros muitos depoimentos nos levam a dar mais um passo na compreensão da virtude da confiança.

4

Dimensões humanas da confiança

Por falta de conhecimento sobre uma antropologia atualizada, muito se fala, se discute e se confunde a respeito dos constitutivos do ser humano.

Percebe-se, em geral, a existência de três dimensões: corpo, mente e espírito. A interpretação, porém, do que cada uma significa tem se prestado a múltiplas e curiosas definições, tendentes a enxergar aí um mundo mais esotérico do que realista.

Atemo-nos ao significado mais simples e concreto dessas dimensões clássicas. Para ajudar, proponho a imagem de um cubo, que as mostra de modo imediato.

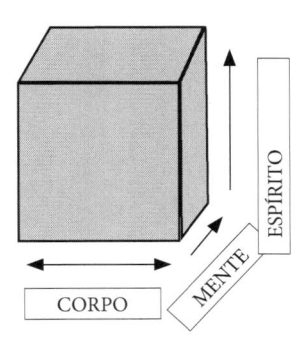

O *corpo* é a dimensão horizontal do homem, representando a abertura espacial da comunicação com relação a todas as realidades, coisas e pessoas, incluindo macrocosmos e microcosmos. É comparável à situação de alguém debruçado à janela da própria casa, observando todo o exterior, trânsito e horizontes, enquanto conversa com os familiares, escuta e dá opiniões sobre o que vai vendo e ouvindo lá fora.

A *mente* é representada pela dimensão da profundidade, da interiorização, como se aquela pessoa deixasse a janela para entrar em contato e descobrir o que está para dentro de sua casa, explorando quartos e armários, aproveitando para pôr ordem seus pertences e descartar as coisas de que não mais precisa.

O *espírito* é a flecha vertical, voltada para as alturas, na busca incessante do "sempre mais", numa insatisfação evidente com o que, embora seja bom, é apenas o comum. Nada é bastante, nem o tempo, nem a saúde, nem os conhecimentos, nem a memória, nem as conquistas já realizadas, porque tudo chega como efêmero, pequeno demais para nossa sede de infinito.

E, onde fica a "alma", poderia ser a pergunta espontânea de quem prestasse atenção? A alma é a vida, é a existência do ser humano, o sopro divino de que fala a Escritura no Livro do Gênesis, ao descrever o momento da criação do primeiro homem: "Então o Senhor Deus formou o homem do pó da terra e soprou em suas narinas o fôlego da vida, e o homem se tornou um ser vivente" (Gn 2,7)[1].

---

1. Todas as referências bíblicas presentes nesta obra foram fornecidas pelo autor. (N. do E.)

Em tempo, a antiga e desatualizada definição de "O que é o homem?", vigente outrora nos Catecismos, a saber, que "o homem é um animal racional composto de alma e corpo", mesmo entre os povos de tradição cristã prestou-se e ainda se presta a desagradáveis confusões; entre elas, a que definia a "morte" como a separação da alma e do corpo. Proposição simplista, que permitiu, por exemplo, o nascimento do espiritismo, trazendo, entre outras ideias, a possibilidade de "reencarnações" múltiplas. Na realidade, o que fica no velório e no cemitério não é corpo, mas "cadáver" (*caro data vermis*, numa etimologia possível).

Na morte, o ser humano, como pessoa inteira, sempre integrada em suas três dimensões, passa simplesmente para outro modo de existir, para a realização do seu sonho intenso e universal de viver para sempre e na felicidade completa, sonho tão geral e duradouro que não pode ser uma quimera. Não faz sentido que tão grande desejo estoure sem mais como bolha de sabão, como piada de mau gosto, como deslavada mentira.

***

Para que a confiança se torne coisa viva, faz-se necessária verdadeira ousadia: a de deixar-nos conduzir, pelo simples fato de que ela traz em sua natureza a obscuridade de nosso futuro.

Desde os antigos filósofos antes de Cristo, os hábitos de comportamento foram chamados de "virtudes", porque são resultado de esforços repetidos (do latim *virtus* = "força"). Assim é também a confiança, necessitando de apurados exercícios para se instalar e consolidar em nós. Com efeito, no máximo nascemos ingênuos, não propriamente confiantes. E bem depressa aprendemos a não confiar, em parte pela dureza dos de casa, em parte pela rivalidade comum entre os coleguinhas na rua e na escola, pelas brincadeiras de mau gosto e até pelo sadismo que hoje chamam de *bullying*. Precisamos, então, reaprender a viver, prudentemente desarmados e confiantes, porque, afinal de contas, todos gostaríamos de viver em paz e de ser bem tratados.

***

O caminho da educação – ou talvez reeducação – para a confiança poderia ser visto como o de fazer alguns "exercícios", destacados da experiência milenar dos povos.

O *primeiro exercício*, se assim podemos chamá-lo, é a disposição de sempre *ter ideias claras*, de nunca deixar passar sem resposta uma pergunta pessoal, mesmo que seja o sentido de uma palavra em nossas leituras, e imediatamente buscá-la no dicionário, que, aliás, jamais deve faltar em nossas casas. Crianças entre dois e três anos costumam crivar os pais de perguntas, no desejo de saber a explicação deste mundo que para elas é total novidade. Semelhante cuidado, merecemos todos na continuidade dos anos, lendo, consultando e aprendendo que, por trás dos pequenos "mistérios" com que topamos no dia a dia, existem magníficos fachos de luz, a luz da Verdade.

***

Um *segundo exercício*, que supõe o anterior, é o da *assertividade* (de asserir = afirmar), atitude de defender com garra e firmeza as coisas importantes que estejam correndo risco de se perder. Alguém pode estar fazendo-nos perder tempo, ou prejudicando nosso direito de ir e vir pela calçada, como faziam com Gandhi em Londres, quando lá estudava, só por causa da cor de sua pele. Ou, ainda, quando deturpam a imagem de uma pessoa querida, por exemplo, ao porem em dúvida sua honestidade, e assim por diante. O hábito de proteger e defender os verdadeiros valores fortalece nossa segurança e faz crescer em nós uma saudável autoestima, que é o mesmo que autoconfiança. No momento em que surgirem dúvidas, é preciso reafirmar nossas certezas. "Lutemos por um mundo novo... um mundo bom, que a todos assegure o ensejo de trabalho, que dê futuro à juventude e segurança à velhice", repetia Charles Chaplin. A honestidade deve ser qualidade fundamental para os que procuram respeito e confiança.

Tal firmeza não impede a necessidade de corrermos riscos, sem dúvida, os riscos calculados, não os imprudentes. Corremos risco de parecer tolos, quando damos risada; de parecer sentimentais, quando choramos; de nos envolver, quando estendemos a mão a alguém; de mostrar quem realmente somos, quando expomos nossos sentimentos; de perder alguém, quando defendemos nossos sonhos e ideias diante de uma plateia; de nos decepcionar, quando confiamos; de fracassar, quando aceitamos tentar; de não ser correspondidos, quando mostramos amor; em suma, de morrer, porque aceitamos viver.

O maior perigo é não arriscarmos nada, porque, com isso, nada fazemos e nada somos. Nada sentimos, nada mudamos, não amamos, não vivemos. Seremos pessoas sem liberdade, sem a principal dignidade de seres humanos.

***

Um *terceiro exercício* pode ser o *exame de previdência*. Baseia-se no ditado "O homem prevenido vale por dois", ou, como jocosamente dizem alguns, "O seguro morreu de velho, e o desconfiado foi ao enterro…". Seu funcionamento, além do gesto de elementar prudência, recorre à força especial das imagens na mudança de comportamentos. Hoje se sabe que muitas vezes uma representação imaginosa é mais eficaz do que um arrazoado da inteligência, porque atua mais diretamente sobre a mola propulsora das emoções. Daí provém um convencimento quase instantâneo.

Na prática, o exame de previdência consiste em três momentos bem definidos. O primeiro é recordar, como num filme, a situação-problema já vivida, que é de algum modo a causadora da insegurança atual: "medo" (ou melhor, insegurança) de viajar de avião, de aprender a nadar, de dirigir automóvel, de falar em público, de fazer exames na escola, de prestar concursos e tudo mais. É importante colocar nesse primeiro "filme" o maior número de detalhes, incluindo tempo, cores, pessoas, vozes, sons e tudo mais que se possa lembrar.

Já o segundo momento do exercício consiste em fazer um novo "filme" mental, quanto possível agora em cores, como se fôssemos diretores de cinema, reeditando o primeiro e modificando nele tudo que precisa ser melhorado, de modo que o resultado seja o comportamento ideal que gostaríamos que tivesse havido desde o início.

Feito isso, sem pressa, chegamos ao terceiro momento, passando o novo filme, devagar e por três vezes, e saboreando a boa novidade construída por nós.

***

Um *quarto exercício* seria usar *mantras ou jaculatórias* pertinentes ao tema da confiança. Mantras, principalmente na cultura oriental, são palavras-chave bem escolhidas, ou ainda frases ou sons igualmente significativos, a ser repetidos ritmicamente, várias vezes, como a chuva fina e respeitosa que aos poucos vai empapando a terra, em oposição à chuva torrencial que desaba e destrói o que encontra no solo. Refrãos de músicas valem para o mesmo fim, assim como os conhecidos cantos da Comunidade de Taizé[2]. Na mesma linha, as jaculatórias (do latim *jacula* = dardos) são orações curtíssimas, lançadas ao Coração de Deus e aos santos, com a mesma finalidade e um pouco mais conhecidas nos meios cristãos, como: "Jesus, manso e humilde de Coração, fazei o nosso coração semelhante ao vosso!", ou então: "Ó Maria, concebida sem pecado, rogai por nós que recorremos a vós!". E muitas outras que podemos até inventar ao nosso gosto e à nossa conveniência.

---

2. Por exemplo: "Indo e vindo, trevas e luz, tudo é graça, Deus nos conduz...".

Provérbios podem igualmente cantarolar aos nossos ouvidos, trazendo reforços a nossa atitude de confiança, como, por exemplo: "Sempre é cedo demais para desistir", ou "Deus ajuda a quem se ajuda".

***

Um *quinto exercício* pode ser o *exercício da presença de Deus*, com a finalidade de ativar e atualizar, com uma possível frequência, a realidade da fé no Deus que é presente e presença o tempo todo, em nós e conosco, dentro daquela frase célebre de Paulo, no Areópago de Atenas, quando dizia aos curiosos ouvintes o verso de um de seus poetas: "Nele (Deus verdadeiro) vivemos, nos movemos e existimos" (At 17,28). Com efeito, a multiplicidade de interesses nas atividades diárias leva nossa atenção em muitas direções. Ao mesmo tempo provoca os mais desencontrados efeitos em nosso campo afetivo, originando emoções e sentimentos divergentes. Vivemos mais ou menos distraídos do essencial, da grande presença do Senhor da vida. É certo que o mais saudável em termos afetivos é que nossa atenção seja, de preferência, integrada e unificada por um objetivo de cada vez. Nada mais saudável que nos sentirmos, quanto possível, envolvidos por essa Presença protetora e estimuladora, para nos encorajar e fazer progredir. Algum objeto ou alguma imagem, trazido conosco ou colocado em lugar estratégico do ambiente (por exemplo, um crucifixo ou um quadro na parede), poderá servir de lembrete oportuno para mais alguns atos de confiança.

O exercício da Presença de Deus acontece mais no campo da memória que no da imaginação, embora, em todas as nossas atividades, estejam envolvidas sempre as demais potências, devido à necessária integração de nossas três dimensões: corpo, mente, espírito. Ao mesmo tempo, a experiência ocorre do jeito e feitio de cada pessoa, segundo nos adverte a epistemologia filosófica: "Tudo que se recebe é recebido conforme o modo de ser daquele que recebe" (*quidquid recipitur per modum recipientis recipitur*).

Assim é que, no Primeiro Testamento, o profeta Elias, em fuga dos perseguidores, experimentou a presença do Senhor, no monte Horeb, na sensação de uma brisa suave. E Isaías, no momento de sua vocação, teve a visão de sua grandiosidade no Templo repleto com as dobras do manto divino, sendo sua língua purificada por um serafim que a tocou com uma brasa.

O apóstolo Paulo viveu à sua maneira a experiência, sendo levado ao terceiro céu, como refere: "Conheço um homem em Cristo que, há quatorze anos, foi arrebatado ao terceiro céu – se em seu corpo, não sei, se fora do corpo, não sei; Deus o sabe! E sei que esse homem – se no corpo ou fora do corpo, não sei; Deus o sabe! – foi arrebatado até o paraíso e ouviu palavras inefáveis, que não é lícito ao homem repetir" (2Cor 12,2-4), confessando em outro momento a extraordinária riqueza daquilo que viveu: "O que os olhos não viram, os ouvidos não ouviram e o coração do homem não percebeu, tudo o que Deus preparou para os que o amam" (1Cor 2,9).

As assim chamadas "consolações sensíveis", enlevos, arrepios de prazer e coisas semelhantes, não constituem a essência da consolação, embora possam acontecer. O importante é a *consciência de Deus presente*, lembrança amorosa, atualizada, pacífica e pacificadora do divino conosco, em nós, no ambiente, no universo inteiro, como a atmosfera que envolve nosso planeta, como o misterioso éter que abrange todas as galáxias. Enfim, como o Ser que tudo engloba com amor e a tudo confere existência e vida.

Santo Inácio de Loyola, ao encerrar a forte vivência dos *Exercícios espirituais*, propõe a "contemplação para alcançar o amor", que alguns também gostam de chamar "contemplação para ser alcançados pelo Amor". Ali ele sugere, como atitude a ser vivida constantemente, "ver Deus em todas as coisas, e todas em Deus", isto é, perceber sua presença na existência própria e na de todos os seres; presença que a nós e a tudo dá sentido.

***

Um *sexto exercício* pode ser o levantamento pormenorizado de nossos *pontos fracos em questão de segurança*, ou seja, das situações em que mais comumente nos sentimos fragilizados e inseguros. A consciência clara desses pontos nos deixará mais prevenidos para nos defendermos de surpresas desagradáveis e quedas a lamentar. Vale como enérgica tomada de posição na defesa de nosso equilíbrio e da harmonia de nossa vida interior.

As presentes considerações nos levam às margens do mundo mais sublime, que nos foi proposto pelo próprio Criador, ao revelar a si mesmo e sua intenção ao inventar o universo complexo e rico da Criação.

5

A hiperdimensão da graça

Falamos aqui da dimensão sobrenatural e insuspeita da confiança. Para começar, vamos recordar o óbvio: que o Deus infinitamente simples, porque puríssimo espírito, nem tem nem precisa ter duas maneiras para fazer bem-feita e completa sua obra. Ao criar o ser humano, desde o início o destinou a ser, o máximo possível, semelhante a seu único e simples modelo, o Verbo eterno, sua imagem perfeita.

Para nos facilitar realização tão grande, o próprio Verbo veio pessoalmente ao nosso encontro, desfazendo barreiras, eliminando todas as distâncias que poderia haver entre o divino e nós, humanos, simples criaturas. O Verbo se fez Homem, o protótipo, o modelo, e armou sua tenda em nosso meio. Quem deseja saber o que é ser Homem, pode então afirmar: *é a concretização criada do Amor eterno, é a criatura destinada a parecer-se com Deus, é a imagem e semelhança do infinito.*

Quem pode entender, ou melhor, compreender e abarcar tão grande destino? Entramos aí no âmbito da Graça, ou seja, do dom gratuito que o Criador oferece o tempo todo para que realizemos seu propósito eterno. Dificilmente poderá alguém exprimi-lo melhor do que o apóstolo Paulo, escrevendo aos membros da comunidade cristã de Éfeso:

> Bendito seja o Deus e Pai de nosso Senhor Jesus Cristo, que nos abençoou com toda a sorte de bênçãos espirituais, nos céus, em Cristo. Nele, nos escolheu antes da fundação do mundo, para sermos santos e irrepreensíveis diante dele no amor.
>
> Ele nos predestinou para sermos seus filhos adotivos por Jesus Cristo, conforme o beneplácito da sua vontade, para louvor e glória da sua graça, com a qual ele nos agraciou no Amado.
>
> E é pelo sangue deste que temos a redenção, a remissão dos pecados, segundo a riqueza da sua graça, que ele derramou profusamente sobre nós, infundindo-nos toda sabedoria e inteligência, dando-nos a conhecer o mistério da sua vontade, conforme decisão prévia que lhe aprouve tomar, para levar o tempo à sua plenitude: a de em Cristo encabeçar todas as coisas, as que estão nos céus e as que estão na terra.
>
> Nele, predestinados pelo propósito daquele que tudo opera segundo o conselho da sua vontade, fomos feitos sua herança, a fim de servirmos para o seu louvor e glória, nós, os que já antes de vós esperamos em Cristo.
>
> Nele, também vós, tendo ouvido a Palavra da verdade – o evangelho da vossa salvação – e nela tendo crido, fostes selados pelo Espírito da promessa, o Espírito Santo, que é o penhor da nossa herança, para redenção do povo que ele adquiriu, para o seu louvor e glória (Ef 1,3-23).

***

Se Deus, em sua Sabedoria, nos destinou a estado tão sublime, se fomos feitos e escolhidos a dedo em sua bondade para participarmos estreitamente de sua própria Vida, a única coisa lógica, a única conclusão razoável, é que apostemos sem hesitação no resultado perfeito, nesse sucesso extraordinário, como o grande e real sentido de nossa existência.

O apóstolo Paulo, escrevendo aos cristãos de Corinto, tentava com palavras humanas explicar o mistério de tanta grandeza, e dizia: "O que os olhos não viram, os ouvidos não ouviram e o coração do homem não percebeu, tudo o que Deus preparou para os que o amam" (1Cor 2,9).

A confiança em uma pessoa amiga e poderosa é a que, em geral, leva tantos de nós a buscar médico, psicólogo, advogado, enfim, alguém que nos ajude a superar problemas, a defender nossos interesses. Ora, ninguém mais poderoso no amor que Aquele que, por definição, é o Amor incriado. Seu interesse para com cada ser humano é insuperável, sua presença e providência nada deixam escapar de nossas necessidades. É claro que, ao dar-nos o livre-arbítrio, sua colaboração não impede que façamos nossas escolhas, com os riscos de nos enganarmos e fazermos o que não convém.

***

Havíamos feito acima algumas considerações sobre o problema do mal. A esta altura, volta a questão, diante da aparente contradição entre o Deus Amor (1Jo 4,16) e o mal ou males tão generalizados que experimentamos. Como é possível basearmos nossa confiança em Deus, se o sofrimento moral e a dor física fazem parte de nosso dia a dia? Ou, ainda, se Deus é bom e poderoso, como é que permite o mal? Se ele o permite, como pode ser bom? Se não pode evitá-lo, onde fica sua onipotência?

Uma breve e desapaixonada reflexão pode conduzir-nos à solução do impasse. Em primeiro lugar, olhando-o sob o prisma da filosofia, entendemos que o Deus infinitamente bom por natureza só não pode o que for absurdo, por exemplo, fazer um triângulo quadrado, um mundo finito e, ao mesmo tempo, perfeito, e coisas assim. Percebemos, por um lado, que tudo que é criado é bom. Basta nos demorarmos em analisar sem pressa, por exemplo, a anatomia e a fisiologia do corpo humano em sua harmonia e complexidade. Isso ocorre porque Deus só sabe fazer o bem, só sabe agir por amor. Se há compensação suficiente para que, juntamente com tanta perfeição, o homem experimente a dor e o sofrimento, é válido e razoável que Deus o tenha criado sujeito a suportar esses inconvenientes, em vista de um bem muito maior.

O mundo real vale a pena[1] se, por outra parte (como lembramos acima), o espera um peso imenso de satisfação e glória. E o esperamos na esperança que brota da fé. O mal não pode ter a última palavra. Olhando, então, o viés teológico, constatamos que, no Primeiro Testamento, o problema era visto entre nuvens densas de mistério. O povo escolhido, com os patriarcas e profetas, seus condutores, sentia na pele a luta constante com o sofrimento e buscava, como que às apalpadelas, uma resposta

---

1. Ver a reflexão sobre o tema em meu livro *Paixão pela vida, dos valores ao valor*, São Paulo, Loyola, 2020.

suficiente para sua angústia. Perguntava-se qual seria a origem do mal: seria Deus? Seria o pecado? Ao mesmo tempo, acreditava fortemente no Deus libertador, que o tiraria com mão poderosa da escravidão do Egito.

Expoente dessa reflexão foi Jó, o qual passou para todos os tempos como o "filósofo" e servo fiel do Senhor, e se debatia na busca de tal explicação. Oseias tentava abrir brechas nessa neblina, mostrando, em nome de Deus, que a causa não seria o pecado, qual condenação sem remissão, pois ele perdoa sempre. O profeta Isaías, por sua vez, introduz a figura do Servo Sofredor, imagem feliz, embora misteriosa, do próprio Deus que, em Cristo, viria identificar-se com o homem em toda sua tremenda precariedade.

No Novo Testamento é que, com a Encarnação do Verbo, Jesus Cristo, se revela plenamente o Coração do Pai, cujo amor sem medidas escolhe a dedo um por um dos seres humanos, destinando-os a uma glória e felicidade sem tamanho, como vimos acima na carta aos cristãos de Éfeso. Esse Deus *Abbá*, "Paizinho", tem respeito absoluto pelo ser humano em sua fragilidade, chegando ao ponto de identificar-se com ele em todos os aspectos, exceto no pecado, como nos conta o autor da Carta aos Hebreus (Hb 4,15).

O Coração generoso de Deus é retratado de maneira magistral na parábola do pai misericordioso (Lc 15). O Filho, Jesus, assume o sofrimento humano em sua integralidade, morrendo na Cruz e ressuscitando ao terceiro dia, como prova de que a última palavra de Deus não é a derrota, o mal e a morte, mas a Vida Plena: "Penso, com efeito, que os sofrimentos do tempo presente não têm proporção com a glória que deverá revelar-se em nós" (Rm 8,18).

Jesus não veio tirar-nos o sofrimento, mas sim ensinar-nos, com muitas e insistentes palavras, como conviver com ele, inclusive no dia a dia, como algo inevitável e, ao mesmo tempo, como forma de treinamento do autodomínio[2] e de formação do caráter: "Aquele que não toma sua cruz e não me segue, não é digno de mim" (Mt 10,38). "Se alguém quer vir após mim, negue-se a si mesmo, tome sua cruz e siga-me" (Lc 9,23), significando o enfrentamento corajoso e esforçado das dificuldades de todo tipo que acontecem na vida de qualquer pessoa. "Quem não carrega sua cruz e não vem após mim, não pode ser meu discípulo" (Lc 14,27).

E Paulo o corrobora dizendo aos Coríntios: "Com efeito, a linguagem da cruz é loucura para aqueles que se perdem, mas para aqueles que se salvam, para nós, é poder de Deus... Os judeus pedem sinais, e os gregos andam em busca de sabedoria; nós, porém, anunciamos Cristo crucificado, que para os judeus é escândalo, para os gentios é loucura, mas para aqueles que são chamados, tanto judeus como gregos, é Cristo, poder de Deus e sabedoria de Deus. Pois, o que é loucura de Deus é mais sábio

---

2. O texto latino da respeitável edição crítica *Novi Testamenti Biblia Graeca et Latina*, publicado em Madri, em 1962, por José M. Bover, S.J., traz assim Lucas 21,19: *In patientia vestra possidebitis animas vestras*. A palavra "paciência", Υπομονή na versão grega, tem o sentido de resistir, ficar para trás prudentemente, perseverar com paciência. E o verbo usado para "possuir" é κτάομαι. Revendo o texto sob o prisma psicológico, podemos traduzi-lo e expressá-lo assim: "Através da prática da paciência, tereis autocontrole, autodomínio, sereis autônomos de verdade".

do que os homens, e o que é fraqueza de Deus é mais forte do que os homens" (1Cor 1,22-25). O apóstolo chega a afirmar de si mesmo: "Quanto a mim, não aconteça gloriar-me senão na cruz de nosso Senhor Jesus Cristo, por quem o mundo está crucificado para mim, e eu para o mundo" (Gl 6,14).

Deus quer e pode vencer o mal, como esclarece mais uma vez São Paulo: "E nós sabemos que Deus coopera em tudo para o bem daqueles que o amam, daqueles que são chamados segundo o seu desígnio. Porque os que de antemão ele conheceu, esses também predestinou a serem conformes à imagem do seu Filho, a fim de ser ele o primogênito dentre muitos irmãos. E os que predestinou, também os chamou; e os que chamou, também justificou, e o que justificou, também os glorificou" (Rm 8,28-30).

Nossa missão de cristãos, seguidores do pensamento e da vida de Jesus, consiste em construir sistematicamente um mundo sempre melhor, mais humano e justo, numa atitude sempre positiva e, por isso mesmo, econômica. Essa é a forma inteligente e eficaz de lutarmos contra todo o mal, a exemplo dele e com sua ajuda sempre presente: "Eis que estou convosco todos os dias, até a consumação dos séculos!" (Mt 28,20b).

É impossível que uma pessoa, em plena posse de suas faculdades, permaneça indiferente diante de projeto tão magnífico, principalmente ao perceber ser este o autêntico e único sentido da existência. É impossível que, em seu bom senso, alguém resista à evidência de seu destino fantástico e de seu próprio valor. É impossível que uma pessoa normal não entenda que possui uma riqueza imensa, a qual é um tesouro vivo, e que não tenha uma grande autoestima.

6

Autoestima, confiança em nós

O provérbio: "Ninguém dá o que não tem" afirma o óbvio, ou seja, que da mão vazia não se deve esperar doação alguma. Quem não confia em si, como poderá produzir ou doar alguma coisa?

Morando a pouca distância da praia, é claro que eu desejava aprender a nadar. Para tanto, comprei uma boia feita de pequenos blocos de cortiça ligados em série, que eu amarrava à volta do peito. Com essa garantia sentia-me seguro e me lançava em braçadas corajosas. Certo dia eu quis testar o grau de flutuação daquele dispositivo. Desamarrei-o, coloquei-o estendido sobre a superfície da água e... grande surpresa! Ele afundou!!! Eu já estava nadando desde o começo, sem o saber. É natural ao ser humano poder boiar e nadar, capacidade só impedida pela fantasia de que, sem movimentarmos bastante os braços, afundaríamos como um prego.

Tudo que é novo desperta algum tipo de receio, dadas algumas experiências malsucedidas anteriormente. Coisa que não acontece com as crianças na primeira infância, pois ainda não se frustraram nem se machucaram ou estragaram suficientemente alguns objetos. Daí ser comum nos adultos alguma resistência quando convidados a experimentar novidades, como aprender tardiamente a andar de bicicleta sem rodinhas, ou mexer num computador, ou aprender a dirigir um automóvel.

***

Autoestima equivale a autovalorização. É a descoberta e o reconhecimento de nossos valores, ou seja, de que valemos muito, de que – sem exagero – somos preciosos, ricos de qualidades sob muitos aspectos. A beleza corporal pode ser maior ou menor, isso mesmo de acordo com os padrões mutáveis de cada época e de cada cultura. Ainda assim, sujeita ao desgaste do tempo e aos possíveis acidentes de percurso.

Mas, independentemente disso, existe interiormente um potencial magnífico, pronto para realizar obras de todos os tamanhos, como aquelas consideradas maravilhas do mundo antigo ou moderno: a pirâmide de Gizé no Egito, os Jardins Suspensos na Babilônia, o Colosso de Rhodes na atual Turquia, o Farol de Alexandria no Egito, o Coliseu de Roma, Machu Picchu no Peru, o Cristo Redentor no Rio de Janeiro, a Grande Muralha da China, as Ruínas de Petra na Jordânia, Taj Mahal na Índia. Para as pessoas cultas, impressionam ainda mais as grandes descobertas com a ousadia das navegações, a construção de magníficas catedrais, a série acelerada das invenções tecnológicas e da informática, as pesquisas na área da físico-química, os escritos sempre mais numerosos e muitas vezes profundos nas ciências humanas, especialmente na filosofia e na teologia.

Tudo isso comprova o valor excelente do ser humano, por mais efêmera que seja sua passagem por este mundo. Em seus poucos anos de vida, consegue produzir feitos memoráveis, considerando com justiça também o trabalho silencioso e oculto das donas de casa e da imensa maioria dos mais simples trabalhadores em todos e quaisquer ramos da atividade humana. Porque, muito mais que o brilho externo ou publicitário das realizações, valem os heroísmos escondidos dessa multidão de pessoas, agindo com amor e perseverança no silêncio e na modéstia de sua simplicidade.

***

Desde o nascimento somos equipados com a chamada "criança natural", que carregamos por toda a vida. Ela consiste no potencial de energia vital que impulsiona o crescimento e nos faz sentir ora gosto, ora desgosto pelas coisas que experimentamos. Não precisamos aprender a sentir emoções agradáveis de prazer, tranquilidade, alegria vibrante, assim como também experimentamos naturalmente desprazer, medo, tristeza, raiva, garra ou nojo. Essa parte de nós é rica de sensibilidade, assim como fonte de intuição e criatividade. Falta-lhe, contudo, discernimento, apresentando-se como dimensão caprichosa no concerto de nossa personalidade.

Com o crescimento – especificamente por volta dos nove meses após o nascimento, quando a capacidade de engatinhar nos expõe ao perigo de escaparmos do controle dos pais – começa a experiência, sob vários aspectos positiva, de abrir nova frente na personalidade, um novo "estado do ego". Como se fôssemos um gravador muito sensível, começamos a gravar e armazenar os "sim" e os "não" da convivência familiar e social. Começamos a aprender que certas coisas são boas, outras não. Algumas permitidas, outras proibidas. Que há regulamentos, leis, limites à nossa liberdade.

Ao mesmo tempo, porém, isso traz vantagens, como a de que não precisamos mais inventar a roda, porque isso já foi feito, nem redescobrir a América, porque há bom tempo foi descoberta, e assim por diante, numa série de informações preciosas de história, ciência e todo tipo de cultura (útil e também inútil, vantajosa e, por vezes, prejudicial). Dá para entender que esse estado do ego também não pensa, isto é, não faz discernimento, apenas repete tradições, por mais rico que se apresente. É memória apenas, embora com frequência esteja comandando inconscientemente nossas decisões e comportamentos. Seja como for, é mais uma autêntica riqueza para o acervo de nossa autoestima e merece ser levado em consideração.

De novo, sentimos a essa altura a necessidade de uma consciência crítica que, como peneira, separe o joio do trigo, o verdadeiro do falso, o atual do ultrapassado. Entra aí, por volta dos três meses após o nascimento, a primeira percepção de alguma coisa fora do mero "gosto" e "não gosto". Começa a desabrochar outra dimensão ou estado do ego, *a capacidade de entrar em contato com a realidade*, a começar pelo reconhecimento das pessoas mais próximas, principalmente das que se aproximam do berço do nenê. Essa capacidade evoluirá dia a dia com as constantes e novas descobertas pessoais, dentro e fora de casa, principalmente acrescidas com o aprendizado teórico e prático na vida escolar. Continuará a acontecer, daí para a frente, com os possíveis cursos, com as leituras, os filmes, a televisão, o rádio e as redes sociais.

***

É próprio da autoestima permitir-se correr riscos calculados, como lembram as memórias de nossa infância, quando repetíamos com espírito de alegre desafio: "Quem não arrisca, não petisca!". Arriscar sem mais pode significar apenas imprudência, com perigosos resultados. Não se trata de sermos aventureiros, mas, com certeza, empreendedores avisados, tanto na construção de uma empresa de grande porte quanto na preparação de um simples e gostoso piquenique. Como lembrávamos acima: "O seguro morreu de velho", e alguém acrescentava: "... e o desconfiado foi ao enterro!".

Riscos não devem ser ameaças. Por isso, a dose e o tamanho dos riscos precisam ser sempre levados em consideração, porque, quanto maiores forem, tanto menor a probabilidade de a proposta desejada dar certo. Isso vale até para decidirmos sobre atravessar ou não uma rua movimentada. Vamos dizer que praticamente em toda decisão sobre assunto novo é necessário um mínimo de planejamento, levando em conta a clareza do que se pretende (objetivos), os recursos humanos disponíveis, a base financeira e o tempo suficiente para alcançar o resultado pretendido.

Correr riscos ajuda, em consequência, a melhorar nossa autoestima, porque nos abre perspectivas novas, nos faz sair da chamada "zona de conforto", onde uma rotina cômoda pode emperrar nosso progresso, mantendo-nos num clima de estagnação e afrouxamento do interesse. Águas paradas geralmente são criadouro de bactérias e miasmas. Quem segue sempre pelos mesmos caminhos acaba chegando sempre aos mesmos lugares. A mesmice cansa e esvazia o sentido do possível entusiasmo inicial, prejudicando até a imagem que fazemos de nós mesmos.

Além disso, o arriscar-se prudentemente talvez nos faça abafar uma voz meio inconsciente que, lá no fundo, nos segura, nos prende e nos impede de conseguir melhores conquistas, dizendo, por exemplo: "Você não é capaz!", ou "Essa meta é grande demais para você!", ou "Quem é você para uma empresa desse calibre?". E assim por diante.

Ainda nesse sentido é interessante lembrar o conhecido texto de Clarice Lispector, "Mudança", onde a poeta sugere muitas atividades diferentes que nos podem arrancar de nosso sofá. Ela começa assim: "Sente-se em outra cadeira, no outro lado da mesa. Mais tarde, mude de mesa. Quando sair, procure andar pelo outro lado da rua. Depois, mude de caminho, ande por outras ruas...". E, depois de muitas curiosas sugestões, termina o texto deste modo: "O mais importante é a mudança, o movimento, o dinamismo, a energia. Só o que está morto não muda! Repito por pura alegria de viver: a salvação é pelo risco, sem o qual a vida não vale a pena!"[1].

***

---

1. Texto disponível em: claricelispectorclarice.blogspot.com. Acesso em: 05/09/2023.

Alguns pensamentos, colhidos aqui e ali, podem acrescentar inspiração para o crescimento de nossa autoestima[2].

- Não desista! Geralmente é a última chave no chaveiro que abre a porta (Paulo Coelho).
- A confiança que temos em nós mesmos reflete-se, em grande parte, na confiança que temos nos outros.
- Confiança para tentar, fé para fortalecer.
- Quanto mais conheço minha força, menos temo os obstáculos da vida.
- A confiança em si próprio é o primeiro segredo do êxito (Ralph Waldo Emerson)[3].
- Você ganha forças, coragem e confiança a cada experiência em que enfrenta o medo. Por isso, precisa fazer exatamente aquilo que acha que não consegue.
- No nosso amor encontrei a segurança que me faltava, e, a seu lado, a confiança para enfrentar o mundo.
- Que a confiança que você tem em si mesmo seja do tamanho de seus maiores sonhos!
- Se o dinheiro for a sua esperança de independência, você jamais a terá. A única segurança verdadeira consiste na reserva de sabedoria, de experiência e de competência.

---

2. De várias citações, embora verdadeiras, nem sempre alcançamos sua precisa procedência, mas são honrosas memórias dos seus autores.

3. Ralph Waldo Emerson (25 de maio de 1803, Boston, Massachusetts, EUA – 27 de abril de 1882, Concord, Massachusetts) foi um famoso escritor, filósofo e poeta norte-americano.

- Acredite nas suas capacidades e nunca permita que mentes pobres e pequenas enfraqueçam sua confiança!
- Como pode alguém que não acredita em si mesmo demonstrar segurança para que outros o enxerguem de forma positiva?
- Não inveje o próximo nem te acomodes à situação atual! Almeja o tesouro infinito que existe em teu interior e avança com determinação para extraí-lo! Este é o melhor caminho para teu desenvolvimento (Masaharu Taniguchi)[4].
- A verdadeira grandeza consiste em sermos senhores de nós mesmos (Daniel Defoe)[5].
- O homem que não acredita em nada se equipara ao que acredita em tudo, com a vantagem de que dificilmente se engana (Carlos Drummond de Andrade)[6].
- Se você precisa de alguém para confiar, confie em você mesmo (Bob Dylan)[7].
- Confiança é como papel: uma vez amassado, nunca mais volta a ser perfeito como antes.

---

4. TANIGUCHI, MASAHARU, *A verdade da vida*, Seicho-No-Ie do Brasil, 1992, 199p, aqui 21.

5. DEFOE, DANIEL, *Robinson Crusoe, a New Edition Revised and Corrected for the Advancement of Nautical Education, by the Hydrographer of the Naval Chronicle*, London, J. Gold/Joseph Mawman, 1815, 465.

6. DRUMMOND DE ANDRADE, CARLOS, *O avesso das coisas, aforismos*, Rio de Janeiro, Record, ²1990.

7. BUCHBAUM, PAULO, *Frases geniais que você gostaria de ter dito*, São Paulo, Ediouro, 2004, 102.

- A confiança é contagiante. A falta dela também (Michael O'Brien).
- Otimismo é esperar pelo melhor. Confiança é saber lidar com o pior (Roberto Simonsen).
- Confiança: anos para ganhar, segundos para perder.
- Quando há confiança, nenhuma prova é necessária.
- A maior necessidade deste mundo é de confiança e amor (André Gide).
- Talvez eu seja enganado inúmeras vezes, mas não deixarei de acreditar que, em algum lugar, alguém merece a minha confiança (Aristóteles).
- Confiança é como uma borracha... Fica menor a cada erro cometido.
- A maior prova de amor é a confiança (Joyce Brothers).
- A confiança é um ato de fé, e esta dispensa raciocínio (Carlos Drummond de Andrade)[8].
- A confiança, de níveis e tipos variados, está na base de muitas decisões cotidianas que tomamos na orientação de nossas atividades (Anthony Giddens)[9].
- Não há como andar de mãos dadas com um pé atrás.
- Aprenda: confiança não tem sete vidas!
- Cuidado com a mentira, pois, basta que uma seja descoberta, para que toda a confiança fique abalada.

---

8. DRUMMOND DE ANDRADE, *O avesso das coisas*, 1990.
9. GIDDENS, ANTHONY, *Modernidade e identidade*, Oxford, Polity Press, 2002.

- Sofrer decepções faz parte da vida, e não podemos deixar que elas afetem nossa confiança no dia de amanhã.
- Não me peça para acreditar, demonstre que eu posso confiar.

7

O que Deus diz sobre a confiança

São tão numerosas as menções sobre a confiança na Sagrada Escritura que é necessário nos restringirmos a alguns momentos e a algumas personagens, para evitarmos trazer aqui de volta a maior parte da Bíblia.

***

Abraão

"Iahweh disse a Abrão: 'Sai de tua terra, da tua parentela e da casa de teu pai, para a terra que te mostrarei...'. Abrão partiu, como lhe disse Iahweh..." (Gn 12,1.4). A terra prometida era desconhecida, a viagem uma aventura, mas a obediência dele para partir foi imediata. O texto omite tanto o impacto das aparições ou manifestações de Deus quanto a repercussão interna e os possíveis e naturais conflitos que possam ter surgido em sua mente. Toda a história de Abrão, depois Abraão, reflete a fidelidade na entrega a seu Criador, em todas as peripécias que se lhe seguiram. Após o difícil episódio com Melquisedec, rei de

Salém, o Senhor lhe garante: "Não temas, Abrão! Eu sou o teu escudo; tua recompensa será muito grande" (Gn 15,1).

Provavelmente, a maior prova por que passou foi a da obediência. Quando o Senhor lhe disse: "Abraão!" Ele respondeu: "Eis-me aqui!". Deus disse: "Toma teu filho, teu único, que amas, Isaac, e vai à terra de Moriá, e lá o oferecerás em holocausto sobre uma montanha que eu te indicarei" (Gn 22,1-2). Não discutiu, não hesitou nem perguntou nada. Apenas se levantou cedo, selou seu jumento e tomou consigo dois de seus servos e seu filho Isaac. Ele rachou a lenha para o holocausto e se pôs a caminho para o lugar que Deus lhe havia indicado (Gn 22,3). O amor confiante ao Senhor fez e faz milagres. Por fim, o Senhor impediu que ele sacrificasse Isaac no momento de aparente fanatismo, em que estava prestes a feri-lo, e ainda lhe garantiu o cordeiro para completar o ato; cordeiro que, aliás, parece prenunciar o Cordeiro de Deus, Jesus, que um dia daria sentido pleno à entrega na obediência, em seu holocausto definitivo.

Foi ainda na confiança que, na velhice, encarregou seu servo para buscar, entre sua parentela, uma esposa para Isaac: "Iahweh enviará seu anjo diante de ti, para que tomes lá uma mulher para meu filho" (Gn 24,7).

**

Moisés

O Senhor o chamou da sarça que ardia sem cessar no meio do deserto do Sinai, revelou-lhe seu cuidado para com o povo escravizado no Egito e enviou-o como instrumento de libertação para junto do Faraó, garantindo-lhe constante assistência:

> Vai, reúne os anciãos de Israel e dize-lhes: "Iahweh, o Deus de vossos pais, o Deus de Abraão, o Deus de Isaac e o Deus de Jacó me apareceu, dizendo: De fato vos tenho visitado e visto o que vos é feito no Egito. Então eu disse: far-vos-ei subir da aflição do Egito para a terra dos cananeus, dos heteus, dos amorreus, dos fereseus, dos heveus e dos jebuseus, para uma terra que mana leite e mel. E ouvirão a tua voz; e irás com os anciãos de Israel ao rei do Egito, e lhe dirás: Iahweh, o Deus dos hebreus, veio ao nosso encontro. Agora, pois, deixa-nos ir pelo caminho de três dias de marcha no deserto para sacrificar a Iahweh nosso Deus. Eu sei, no entanto, que o rei do Egito não vos deixará ir, se não for obrigado por mão forte. Portanto, estenderei a mão e ferirei o Egito com todas as maravilhas que farei no meio dele; depois disso é que ele vos deixará partir" (Ex 3,16-20).

Com efeito, tanto nas tratativas malsucedidas junto ao Faraó quanto depois, nos quarenta anos de peregrinação pelo deserto, Moisés experimentou a proteção de seu Senhor, a ponto de, certa vez, o próprio Iahweh afirmar severamente aos irmãos dele, Aarão e Míriam, o grau sublime de intimidade que mantinha com seu servo fiel, quando estes estranharam o fato de Moisés ter tomado como esposa uma mulher cuchita:

> Ouvi, pois, as minhas palavras: Se há entre vós um profeta, é em visão que me revelo a ele, é em sonho que lhe falo. Assim não se dá com o meu servo Moisés, a quem toda a minha casa está confiada. Falo-lhe face a face, claramente e não em

enigmas, e ele vê a forma de Iahweh. Por que ousastes falar contra meu servo Moisés? (Nm 12,6-8).

***

Josué

A mão de Deus sempre esteve presente no desenrolar da história de Israel. Morto Moisés, a mesma proteção estendeu-se sobre Josué, seu substituto na condução do povo. Assim como esperara de Moisés, exigia também desse que havia, até então, sido seu lugar-tenente e secretário:

> Moisés, meu servo, morreu; agora levanta-te! Atravessa este Jordão, tu e todo este povo, para a terra que dou aos israelitas. […] Ninguém te poderá resistir durante toda a tua vida; assim como estive com Moisés, estarei contigo, jamais te abandonarei, nem te desampararei" (Js 1,2-5).

Tal condição, porém, era a de uma disponibilidade corajosa e sem hesitação:

> Sê firme e corajoso, porque farás este povo herdar a terra que a seus pais jurei dar-lhes. Tão somente sê de fato firme e corajoso, para teres o cuidado de agir segundo toda a Lei que te ordenou Moisés, meu servo. Não te apartes dela, nem para a direita nem para a esquerda, para que triunfes em todas as tuas realizações. Que o Livro desta Lei esteja sempre nos teus lábios: medita nela dia e noite, para que tenhas o cuidado de agir de acordo com tudo que está escrito nele. Assim serás bem-sucedido nas tuas realizações e alcançarás êxito. Não te ordenei: Sê firme e corajoso? Não temas e não te apavores,

porque Iahweh teu Deus está contigo por onde quer que andes (Js 1,6-9).

***

O profeta Elias

Sua vida prodigiosa é uma sequência de acontecimentos só explicáveis em alguém totalmente entregue à confiança em Deus. Fugindo da perseguição de Acab e da má rainha Jezabel, ouviu a voz protetora do Senhor:

> Vai-te daqui, retira-te para o oriente e esconde-te na torrente de Carit, que está a leste do Jordão. Beberás da torrente, e ordenei aos corvos que te deem lá alimento... Os corvos lhe traziam pão e carne de manhã, pão e carne de tarde, e ele bebia da torrente (1Rs 17,2-6).

Durante a grande seca, foi alimentado pela pobre viúva de Sarepta, para quem conseguiu que não lhe faltassem a farinha e o óleo, e com sua oração confiante lhe restituiu vivo o filho que havia falecido (1Rs 17,17ss). Promoveu então, sozinho, contra os 450 profetas do deus Baal, o desafio de fazer chover fogo do céu sobre dois novilhos colocados no altar. Alcançou pela fé a consumpção portentosa das vítimas e, depois de ridicularizar totalmente aqueles falsos profetas, aniquilou-os todos.

Continuando a fugir, foi alimentado duas vezes pelos anjos em sua caminhada histórica e aflita em direção ao monte Horeb. Ali experimentou a consolação reconfortante de Deus, que se lhe manifestou como brisa suave, após um espetáculo terrível de furacões, terremotos apavorantes e erupções vulcânicas (1Rs 19,9ss). Com sua oração, alcançou de Deus o final da grande seca que afligia a região. Escolheu Elizeu como seu continuador, e foi arrebatado espetacularmente para o céu num carro de fogo (2Rs 2).

***

Davi

Figura imponente em toda a história do antigo povo escolhido, figura como pano de fundo, juntamente com Moisés, na esperança da vinda do Messias prometido. Filho de uma família de pastores, e retirado do pastoreio para ser por Samuel ungido rei, tornou-se marco decisivo no curso torrencial de sua gente, lembrado até hoje como imbatível guerreiro, corajoso vencedor do gigante Golias e unificador das tribos de Israel.

Aqui nos interessa sua figura de santo e pecador. Atraído pela presença envolvente de Iahweh, expressa a entrega confiante a seu Criador e Senhor na maioria dos Salmos. Nessa certeza se estende em oração no Salmo 139(138):

> *Iahweh, tu me sondas e conheces:*
> *conheces meu sentar e meu levantar,*
> *de longe penetras o meu pensamento;*
> *examinas meu andar e meu deitar,*
> *meus caminhos todos são familiares a ti...*

Davi é por excelência o rei "segundo o coração de Deus", o pastor que ora por seu povo e em seu nome, aquele cuja submissão à vontade de Deus, cujo louvor e arrependimento serão o modelo da oração do povo. Como ungido de Deus, sua oração é adesão fiel à promessa divina (2Sm 7,18-29), confiança cheia de amor e alegria naquele que é o único Rei e Senhor. Nos Salmos, Davi, inspirado pelo Espírito Santo, é o primeiro profeta da oração judaica e cristã. A oração de Cristo, verdadeiro Messias e filho de Davi, revelará e realizará o sentido dessa oração (CIC 2579).

Num momento de fraqueza, apoderou-se criminosamente de Betsabeia, esposa de Urias, seu general, a quem mandou ardilosamente entregar à morte para ocultar o mal feito. Chamado à atenção pelo profeta Natã (2Sm 12), tornou-se exemplo histórico de arrependimento e confiança, gravado para sempre no Salmo 51(50):

> *Tem piedade de mim, ó Deus, por teu amor!*
> *Apaga minhas transgressões, por tua grande compaixão!*
> *Lava-me por inteiro da minha iniquidade.*
> *E purifica-me do meu pecado!*

O salmo inteiro é um grito doído de contrição e de confiança no Deus misericordioso:

> *Faze-me ouvir o júbilo e a alegria,*
> *e dancem os ossos que esmagaste.*
> *Esconde a tua face dos meus pecados*
> *e apaga minhas iniquidades todas...*

***

O livro de Jó

Um dos amigos de Jó aconselha-o a respeito da confiança no meio de seus sofrimentos:

> Se endireitas teus pensamentos e estendes as mãos para ele (o Senhor), se afastares das tuas mãos a maldade e não alojares a injustiça em tua tenda, poderás levantar teu rosto sem mácula, serás inabalável e nada temerás. Esquecerás teus sofrimentos ou recordá-los-ás como a água que passou. Tua vida ressurgirá como o meio-dia, a escuridão será como a manhã. Terás confiança, porque agora há esperança; vivias perturbado, deitar-te-ás tranquilo. Repousarás sem sobressaltos, e muitos acariciarão teu rosto (Jó 11,13-19).

***

Os Salmos

O Livro dos Salmos, coleção de 150 orações e cantos rituais, rezados individual ou comunitariamente pelo povo hebreu, é quase inteiramente obra de Davi. Atribuem-se a ele cerca de 73 salmos. A confiança brota por todo lado nessa preciosa coleção, como podemos perceber nestes poucos exemplos:

> Todos os que se abrigam em ti se alegrem e se rejubilem para sempre (Sl 5,12).
>
> Uns confiam em carros, outros em cavalos; nós, porém, invocamos o nome de Iahweh nosso Deus (Sl 20,8).
>
> A ti, Iahweh, eu me elevo, ó meu Deus. Eu confio em ti, que eu não seja envergonhado, que meus inimigos não triunfem contra mim! (Sl 25,1-2).

> Iahweh é minha força e meu escudo, é nele que meu coração confia; fui socorrido, meu coração exulta, com meus cantos lhe dou graças (Sl 29,7).
>
> Descarrega teu fardo em Iahweh e ele cuidará de ti; ele jamais permitirá que o justo tropece (Sl 55, 23).
>
> Caiam mil ao teu lado e dez mil à tua direita, a ti nada atingirá (Sl 91,7).
>
> Tua palavra é lâmpada para os meus pés, e luz para o meu caminho (Sl 119, 105).
>
> Entrega teu caminho a Iahweh, confia nele, e ele agirá; manifestará tua justiça como a luz e teu direito como o meio-dia. Descansa em Iahweh e nele espera... (Sl 37, 5-7).
>
> Faze-me ouvir teu amor pela manhã, pois é em ti que eu confio (Sl 143,8).

* * *

O Livro dos Provérbios

O mais típico dos livros sapienciais, Provérbios está cheio de referências à virtude da confiança. Alguns exemplos:

> Confia em Iahweh com todo o teu coração, não te fies em tua própria inteligência; em todos os teus caminhos, reconhece-o, e ele endireitará as tuas veredas (Pv 3,5-6).
>
> Quem confia na riqueza cairá, mas os justos germinarão como a folhagem (Pv 11,28).
>
> Quem é atento à palavra encontra a felicidade, quem confia em Iahweh é feliz (Pv 16,20).

Quem confia em seu bom senso é insensato, quem procede com sabedoria será salvo (Pv 28,26).

O medo do homem arma uma cilada, mas quem confia em Iahweh está em segurança (Pv 29,25).

A palavra de Deus é comprovada, ele é escudo para quem nele se abriga (Pv 30,5).

***

Os grandes profetas

Basta citar aqui Isaías e Jeremias:

> Ei-lo, o Deus da minha salvação: sinto-me inteiramente confiante, de nada tenho medo, porque Iahweh é minha força e meu canto (Is 12,2).

> Ai dos que descem ao Egito, à busca do socorro. Procuram apoiar-se em cavalos, põem a sua confiança nos carros, porque são muitos, e nos cavaleiros, porque são de grande força, mas não voltam os olhares para o Santo de Israel, não buscam Iahweh (Is 31,1).

> Maldito o homem que confia no homem, que faz da carne a sua força, mas afasta seu coração de Iahweh! Ele é como o cardo na estepe: não vê quando vem a felicidade, habita os lugares secos no deserto, terra salgada, onde ninguém mora. Bendito o homem que se fia em Iahweh, cuja confiança é Iahweh. Ele é como uma árvore plantada junto da água, que lança suas raízes para a corrente: não teme quando chega o calor, sua folhagem permanece verde; em ano de seca não se preocupa e não para de produzir frutos (Jr 17, 5-8).

O Novo Testamento

A Trindade

O Senhor decide e realiza a Encarnação do Verbo, para promover seu projeto eterno de salvação da humanidade: envia o arcanjo Gabriel para o anúncio a Maria; cuida com delicadeza de José, tranquilizando-o a respeito da gravidez da noiva; protege o casal na viagem a Belém, na fuga para o Egito e no retorno a Nazaré; supervisiona o crescimento do menino até seu *Mitzvá*, aos 12 anos, quando o atrai explicitamente como Filho e o retém no Templo, enquanto os pais, sem o saber, retornam para casa; comunica-se dia e noite com o jovem que vai crescendo em sabedoria, em estatura e em graça diante de Deus e dos homens.

Jesus

Aceita uma vida de desprendimento, simplicidade, humildade e escondimento em Nazaré por trinta anos, para garantir a toda a humanidade que ele é "o Caminho, a Verdade e a Vida. Ninguém vem ao Pai a não ser por mim" (Jo 14,6). Assim, protege-nos a todos contra os falsos ideais de posse, vaidade e poder.

Afirma, para segurança nossa e para maior confiança: "Eu sou a Porta. Quem entrar por mim, será salvo; entrará e sairá e encontrará pastagem" (Jo 10,9). "Eu sou a ressurreição e a vida. Quem crê em mim, ainda que morra, viverá. E quem vive e crê em mim, jamais morrerá" (Jo 11,25). "Eu sou o pão vivo descido do céu. Quem comer deste pão viverá eternamente. O pão que eu darei é a minha carne para a vida do mundo" (Jo 6,51).

Coloca-se como o fundamento de nossa confiança: "Eu sou o bom pastor: o bom pastor dá a vida pelas suas ovelhas..." (Jo 10); assim, é incansável ao percorrer vilas e aldeias, fazendo o bem e comunicando a boa notícia de uma vida nova no Reino do Pai (At 10,37-38), bem como atendendo e curando quantos o procuram para toda sorte de problemas.

Insiste em iluminar nossos caminhos, para que nos sintamos confiantes ao enxergar para onde vamos: "Eu sou a Luz do mundo. Quem me segue não andará nas trevas, mas terá a luz da vida" (Jo 8,12). Ideias claras são a base da segurança e da confiança.

Com efeito, ao mesmo tempo em que cura corporalmente as pessoas, gasta muito tempo ensinando-lhes como viver do jeito seguro que o Criador sempre quis: "Nem todo aquele que me diz 'Senhor, Senhor' entrará no Reino dos Céus, mas sim aquele que pratica a vontade de meu Pai que está nos céus... Assim, todo aquele que ouve essas minhas palavras e as põe em prática, está comparado ao homem sensato que construiu sua casa sobre a rocha. Caiu a chuva, vieram as enxurradas, sopraram os ventos e deram contra aquela casa, mas ela não caiu, porque estava alicerçada na rocha" (Mt 7,21.24).

Jesus faz de sua vida uma constante entrega de si mesmo: "Ele, estando na forma de Deus, não usou de seu direito de ser tratado como um deus, mas se despojou, tomando a forma de escravo. Tornando-se semelhante aos homens e reconhecido em seu aspecto como um homem, abaixou-se, tornando-se obediente até a morte, a morte sobre uma cruz" (Fl 2,6-8).

É o que já mostrava o evangelista São João: "Pois Deus amou tanto o mundo que entregou o seu Filho único, para que todo o que nele crê não pereça, mas tenha a vida eterna" (Jo 3,16).

Ora, ninguém há de duvidar da fidelidade e da confiabilidade de alguém que ama de forma tão inteira a ponto de fazer do sentido da vida uma doação sem limites de si mesmo: "Ninguém tem maior amor do que aquele que dá a vida por seus amigos. Vós sois meus amigos, se praticais o que vos mando... Isto vos mando: amai-vos uns aos outros" (Jo 15,13.14.17).

Uma das expressões vivas do Cristo, e que permanece misticamente conosco, é: "Eis que estou convosco todos os dias, até a consumação dos séculos!" (Mt 28,20), pois ele continua verdadeira presença entre nós na Palavra das Escrituras, na Eucaristia, no Magistério eclesial, na convivência da Comunidade cristã, em cada pessoa com quem topamos, sem distinção de pessoas, raças e credos.

Esse variado tipo de encontro pessoal com o Cristo vivo e ressuscitado tem tudo para sustentar nossa esperança diante de quaisquer contratempos, geralmente não poucos, à medida que mantenhamos tal experiência sob o enfoque luminoso da Fé.

Os apóstolos

Os apóstolos (citando apenas dois), apaixonados pelo Cristo com quem haviam convivido estreitamente, confiaram em sua promessa de vida eterna e acharam por bem dar a própria vida em defesa de seu nome e de sua Igreja.

Pedro

- Confiou e arriscou andar sobre as águas ao chamado de Jesus (Mt 14,28).
- Em Cesareia de Filipe, professou sua fé afirmando ser Jesus "o Cristo, o filho do Deus vivo" (Mt 16,16).
- Na confiança, foi o primeiro a anunciar publicamente o Cristo ressuscitado no dia de Pentecostes (At 2,14ss).
- Reafirmou sua confiança em Jesus, quando muitos discípulos, na Sinagoga de Cafarnaum, o abandonaram, escandalizados com a proposta de precisarem comer o Pão da vida (Jo 6,59-71).
- No Pórtico de Salomão, explicou ao povo a cura do aleijado (At 3,11).
- Enfrentou o Sinédrio, para onde havia sido arrastado preso, juntamente com João (At 4).
- Foi assertivo ao denunciar Simão, o mágico (At 8,14ss).
- Em sua primeira carta, escreve: "Por isso, com prontidão de espírito, sede sóbrios e ponde toda a vossa esperança na graça que vos será trazida por ocasião da Revelação de Jesus Cristo" (1Pd 1,13).
- No final da sua primeira carta, reconforta seus leitores: "Depois de terdes sofrido um pouco, o Deus de toda a graça, aquele que vos chamou para sua glória eterna em Cristo, vos restaurará, vos firmará, vos fortalecerá e vos tornará inabaláveis" (1Pd 5,10).

- Terminando sua segunda carta, acrescenta: "O que nós esperamos, conforme sua promessa, são novos céus e nova terra, onde habitará a justiça. Assim, visto que tendes esta esperança, esforçai-vos ardorosamente para que ele vos encontre em paz, vivendo vida sem mácula e irrepreensível" (2Pd 3,13-14).

Paulo

- Recém-convertido, aplicou na defesa e promoção da nova Fé toda a disposição e energia que vinha despendendo a serviço da Lei mosaica e do judaísmo. Na narrativa dos Atos dos Apóstolos e em suas cartas, deixou transbordar expressões de sua confiança naquele que se tornou a razão de ser de sua vida, o Cristo Jesus.
- Na Segunda Carta aos Coríntios, lembrando as perseguições sofridas, escreve: "Sim, recebêramos em nós mesmos a nossa sentença de morte, para que a nossa confiança já não se pudesse fundar em nós mesmos, mas em Deus, que ressuscita dos mortos. Foi ele que nos libertou de tal morte e dela nos libertará; nele depositamos a esperança de que ainda nos libertará da morte" (2Cor 1,8-10).
- Na Primeira Carta aos Coríntios, lembra: "As tentações que vos acometeram tiveram medida humana. Deus é fiel; não permitirá que sejais tentados acima das vossas forças. Mas com a tentação, ele vos dará os meios de sair dela e a força para a suportar" (1Cor 10,13).

- Ali também havia mostrado que o verdadeiro amor leva à confiança: "... Tudo desculpa, tudo crê, tudo espera, tudo suporta" (1Cor 13,7).
- Aos cristãos da Galácia, escreve que confia em sua fidelidade no seguimento autêntico de Jesus Cristo: "Confio que, unidos no Senhor, não tereis outro sentimento" (Gl 5,10).
- Aos cristãos de Éfeso mostra o fundamento da confiança ao escrever: "Nele [Cristo], predestinados pelo propósito daquele que tudo opera segundo o conselho da sua vontade, fomos feitos sua herança, a fim de servirmos para o seu louvor e glória, nós, os que já antes de vós esperamos em Cristo" (Ef 1,1-12); "Por isso deveis vestir a armadura de Deus, para poderdes resistir no dia mau e sair firmes de todo o combate" (Ef 6,13).
- Aos filipenses, afirma que não põe sua confiança nos seres humanos, nem em si mesmo, porque "o que era para mim lucro tive-o como perda, por amor de Cristo. Mais ainda: tudo considero perda, pela excelência do conhecimento de Cristo Jesus, meu Senhor. Por ele, perdi tudo e tudo tenho como esterco, para ganhar a Cristo e ser achado nele, não tendo como minha justiça aquela que vem da Lei, mas aquela pela fé em Cristo, aquela que vem de Deus e se apoia na fé, para conhecê-lo, conhecer o poder da sua ressurreição e a participação nos seus sofrimentos, conformando-me com ele na sua morte, para ver se alcanço a ressurreição de entre os mortos. Não que eu já o tenha alcançado ou

que já seja perfeito, mas prossigo para ver se o alcanço, pois que também já fui alcançado por Cristo Jesus" (Fl 3,7-12); "... aprendi a adaptar-me às necessidades; sei viver modestamente, e sei também como haver-me na abundância; estou acostumado com toda e qualquer situação: viver saciado e passar fome; ter abundância e sofrer necessidade. Tudo posso naquele que me fortalece" (Fl 4,11-13).

- Na carta aos cristãos de Roma, escreveu a frase que se tornou lapidar: "... estamos firmes e nos gloriamos na esperança da glória de Deus. E não é só. Nós nos gloriamos também nas tribulações, sabendo que a tribulação produz a perseverança. A perseverança a virtude comprovada, a virtude comprovada a esperança. E a esperança não decepciona, porque o amor de Deus foi derramado em nossos corações pelo Espírito Santo que nos foi dado. Foi, com efeito, quando ainda éramos fracos, que Cristo, no tempo marcado, morreu pelos ímpios. – Dificilmente alguém dá a vida por um justo; por um homem de bem talvez haja alguém que se disponha a morrer. – Mas Deus demonstra seu amor para conosco pelo fato de Cristo ter morrido por nós quando éramos ainda pecadores..." (Rm 5,5ss); acenando ao plano de salvação, acrescenta: "E nós sabemos que Deus coopera em tudo para o bem daqueles que o amam, daqueles que são chamados segundo o seu desígnio. Porque os que de antemão ele conheceu, esses também predestinou a serem conformes à imagem do seu Filho, a fim de ser ele o primogênito entre muitos irmãos. E os que predestinou, também os chamou; e os que chamou, também os justificou, e os que justificou, também os glorificou" (Rm 8,28-30); expressa as raízes firmes da confiança: "Se Deus é por nós, quem será contra nós:... Pois estou convencido de que nem a morte nem a vida, nem os anjos nem os principados, nem o presente nem o futuro, nem os poderes, nem a altura nem a profundeza, nem qualquer outra criatura poderá nos separar do amor de Deus manifestado em Cristo Jesus, nosso Senhor" (Rm 8,31.38-39); e exorta os cristãos a confiarem sempre: "Que o Deus da esperança vos cumule de toda alegria e paz em vossa fé, a fim de que pela ação do Espírito Santo a vossa esperança transborde" (Rm 15,13).

- E ao autor da Carta aos Hebreus, documento de caráter mais teológico atribuído a um possível discípulo de Paulo, reforça as bases da confiança ao escrever: "Exortai-vos, antes, uns aos outros, dia após dia, enquanto ainda se disser 'hoje', para que ninguém de vós se endureça, seduzido pelo pecado. Pois nos tornamos companheiros de Cristo, contanto que mantenhamos firme até o fim nossa confiança inicial" (Hb 3,13-14).

8

O que nos ensina a Igreja de Cristo

O Catecismo da Igreja Católica

- "Ao defender a capacidade da razão humana de conhecer a Deus, a Igreja exprime sua confiança na possibilidade de falar de Deus a todos os homens e como todos os homens" (CIC 39).
- "... Não contraria nem à liberdade nem à inteligência do homem confiar em Deus e aderir às verdades por ele reveladas. Já no campo das relações humanas não é contrário à nossa própria dignidade crer o que outras pessoas nos dizem sobre si mesmas e sobre as suas intenções, e confiar nas promessas delas (como, por exemplo, quando um homem e uma mulher se casam), para entrar assim em comunhão recíproca" (CIC 155).
- "Deus é a própria Verdade, suas palavras não podem enganar. É por isso que podemos entregar-nos com toda a confiança à verdade e à fidelidade da sua palavra em todas as coisas..." (CIC 215).
- "Crer em Deus, o Único, e amá-lo com todo o seu ser, tem consequências imensas para toda a nossa vida:

[...] Significa confiar em Deus em qualquer circunstância, mesmo na adversidade. Uma oração de Santa Teresa de Jesus exprime-o de maneira admirável: 'Nada te perturbe/ Nada te assuste/ Tudo passa/ Deus não muda/ A paciência tudo alcança/ Quem a Deus tem / Nada lhe falta./ Só Deus basta'" (CIC 227).
- "Com a criação, Deus não abandona a sua criatura a ela mesma. Não somente lhe dá o ser e a existência, mas também a sustenta a todo instante no ser, dá-lhe o dom de agir e a conduz a seu termo. Reconhecer esta dependência completa em relação ao Criador é uma fonte de sabedoria e liberdade, alegria e confiança" (CIC 301).
- "O homem, tentado pelo Diabo, deixou morrer em seu coração a confiança em seu Criador (Gn 3,1-11) e, abusando da sua liberdade, desobedeceu ao mandamento de Deus. Foi nisto que consistiu o primeiro pecado do homem (Rm 5,19). Todo pecado, daí em diante, será uma desobediência a Deus e uma falta de confiança em sua bondade" (CIC 397).
- "Bem cedo, nos Evangelhos, determinadas pessoas se dirigem a Jesus chamando-o de 'Senhor'. Este título exprime o respeito e a confiança dos que se achegam a Jesus e esperam dele ajuda e cura" (CIC 448).
- "Esta graça (da Unção dos Enfermos) é um dom do Espírito Santo que renova a confiança e a fé em Deus e fortalece contra as tentações do maligno, tentação de desânimo e de medo da morte (Tg 5,15)" (CIC 1520).

- "O primeiro preceito (Amarás o Senhor teu Deus...) abrange a fé, a esperança e a caridade. Com efeito, quando se fala de Deus, fala-se de um ser constante, imutável, sempre o mesmo, fiel, perfeitamente justo. Daí decorre que nós devemos necessariamente aceitar suas palavras, e ter nele uma fé e uma confiança plenas. Ele é todo-poderoso, clemente, infinitamente inclinado a fazer o bem" (CIC 2086).
- "... o desafio contido em tal tentação de Deus (tentar a Deus) ofende o respeito e a confiança que devemos a nosso Criador e Senhor. Inclui sempre uma dúvida a respeito de seu amor, sua providência e seu poder (1Cor 10,9; Ex 17,2-7; Sl 95,9)" (CIC 2119).
- "O abandono nas mãos da Providência do Pai do Céu liberta da preocupação do amanhã (Mt 6,25-34). A confiança em Deus predispõe para a bem-aventurança dos pobres. Eles verão a Deus" (CIC 2547).
- "A conclusão é sempre a mesma: para que rezar? Para superar esses obstáculos é preciso lutar através da humildade, confiança e perseverança" (CIC 2728).
- "A confiança filial é experimentada – e se prova – na tribulação (Rm 5,3-5). A dificuldade principal se refere à oração de súplica, por si ou pelos outros na intercessão. Alguns deixam até de orar porque, pensam eles, seu pedido não é ouvido..." (CIC 2734).
- "A revelação da oração na Economia da salvação nos ensina que a fé se apoia na ação de Deus na história. A

confiança filial é suscitada por sua ação por excelência: a Paixão e a Ressurreição de seu Filho. A oração cristã é cooperação com sua Providência, com seu plano de amor para os homens" (CIC 2738).
- "Em São Paulo, essa confiança é audaciosa (Rm 10,12-13), fundada na oração do Espírito Santo em nós e no amor fiel do Pai que nos deu seu Filho único (Rm 8,26-39). A transformação do coração que reza é a primeira resposta ao nosso pedido" (CIC 2739).
- "Essa força do Espírito, que nos introduz na Oração do Senhor, traduz-se nas liturgias do Oriente e do Ocidente pela bela expressão tipicamente cristã: *parrhesia*, simplicidade sem rodeios, confiança filial, jovial segurança, audácia humilde, certeza de ser amado (Ef 3,12; Hb 3,6; 4,16; 10,19; 1Jo 2,28; 3,21;5,14)" (CIC 2778).
- "Dai-nos": é bela a confiança dos filhos que tudo esperam de seu Pai. 'Ele faz nascer o seu sol igualmente sobre maus e bons e cair chuva sobre justos e injustos' (Mt 5,45) e dá a todos os seres vivos 'o alimento a seu tempo' (Sl 104,27)" (CIC 2828).

Concílio Vaticano II

- "A confiança numa vida futura não só não afasta o homem da construção da cidade terrestre, como afirmam os marxistas, mas fundamenta-a com novos motivos" (*Gaudium et Spes* 21c; 34c; 39b; 43a).

- "Sem a confiança fica prejudicada a dignidade do ser humano e sem solução os enigmas da vida e da morte, da culpa e da dor" (*Gaudium et Spes* 21d).
- "Dá coragem nas adversidades" (*Apostolicam Actuositatem* 4e).

O Papa Francisco e a confiança[1]

Eis o texto:

> Eu sou "cara de pau", mas também sou tímido. Em *Buenos Aires*, eu tinha um pouco de medo dos jornalistas. Eu pensava que eles poderiam me pôr em dificuldades e, por isso, não dava entrevistas. Mas, um dia, deixei-me convencer por *Francesca Ambrogetti*, pensando no bem que daí poderia vir. Ela me convenceu, e eu confiei nela. E, assim, uma vez por mês, às 9h, eu via a ela e a Sergio Rubín, e, no fim, saiu o livro-entrevista *El Jesuita*.
>
> Eu sempre tive medo das más interpretações daquilo que eu digo. Daquela primeira entrevista como arcebispo de *Buenos Aires*, eu não gostei da capa, mas fiquei muito feliz com todo o resto. A história das minhas entrevistas como arcebispo começou assim. Em seguida, dei outras a Marcelo Figueroa e Abraham Skorka. Sempre na confiança nas pessoas com as quais eu dialogava.
>
> Eu já era papa quando o Pe. *Antonio Spadaro* veio me pedir uma entrevista. A minha reação instintiva foi de incerteza,

---

1. Citação do Papa Francisco, retirada do livro de SPADARO, ANTONIO, *Adesso fate le vostre domande* [Agora façam as suas perguntas], Collona, Rizzoli, 2017, 240p., escrito em parceria com o pontífice.

como no passado, e eu lhe disse que não. Depois, senti que podia ter confiança, que devia confiar. E aceitei. Com ele, fiz duas longas entrevistas, que estão reunidas neste volume. *Spadaro* é o diretor da *Civiltà Cattolica*, revista desde sempre intimamente ligada aos papas. Ele esteve presente nas entrevistas e nas conversas deste livro e se encarregou das minhas palavras.

Depois daquela primeira entrevista em agosto de 2013, vieram as outras, também aquelas que eu dou no avião, no retorno das viagens apostólicas. Mesmo lá, nessas viagens, eu gosto de olhar as pessoas nos olhos e de responder as perguntas com sinceridade. Eu sei que devo ser prudente e espero sê-lo. Sempre rezo ao Espírito Santo antes de começar a ouvir as perguntas e a responder. *E, assim como não devo perder a prudência, também não devo perder a confiança. Eu sei que isso pode me tornar vulnerável, mas é um risco que eu quero correr* (grifo do autor).

As entrevistas, para mim, sempre têm um *valor pastoral*. Tudo o que faço tem valor pastoral, de um modo ou de outro. Se eu não tivesse essa confiança, eu não concederia entrevistas: para mim, isso é bem claro. É uma maneira de comunicação do meu ministério. E eu uno essas conversas nas entrevistas com a forma cotidiana das homilias em Santa Marta, que é – digamos assim – a minha "paróquia".

Eu preciso dessa comunicação com as pessoas. Lá, quatro dias por semana, 25 pessoas de uma paróquia romana vêm me encontrar, junto com outras. Eu tenho uma verdadeira necessidade dessa comunicação direta com as pessoas. Conceder uma entrevista não é como subir à cátedra: significa se encontrar com jornalistas que, muitas vezes, fazem as perguntas das pessoas.

Uma coisa que eu também acho bom é falar com pequenas revistas e jornais populares. Eu me sinto ainda mais à vontade.

De fato, nesses casos, eu realmente escuto as perguntas e as preocupações das pessoas comuns. Tento responder de modo espontâneo, em uma conversa que eu quero que seja compreensível, e não com fórmulas rígidas. Eu também uso uma linguagem simples, popular. Para mim, as entrevistas são um diálogo, não uma lição.

Por isso, eu não me preparo. Às vezes, eu recebo as perguntas antecipadamente, mas quase nunca as leio ou penso nelas. Simplesmente, não me vem nada à mente. Outras vezes, no avião, eu imagino as perguntas que poderiam me fazer. Mas, para responder, eu preciso encontrar as pessoas e olhá-las nos olhos.

Sim, eu ainda tenho medo de ser mal interpretado. Mas, repito, quero correr esse risco pastoral.

Isso também me acontece em outros casos. Às vezes, nos meus entrevistadores, eu notei – mesmo naqueles que se dizem muito distantes da fé – uma grande inteligência e erudição. E também, em alguns casos, a capacidade de se deixar tocar pelo "toque" de *Pascal*. Isso me comove, e eu aprecio muito. [...]

Eu quero uma *Igreja* que saiba se inserir nas conversas dos homens, que saiba dialogar. É a Igreja de Emaús, em que o Senhor "entrevista" os discípulos que caminham desencorajados. Para mim, a entrevista faz parte dessa conversa da Igreja com os homens de hoje.

A confiança na vida dos santos

Na precariedade inevitável na vida de cada criatura, o fator "insegurança" se apresenta como experiência constante, diária e muitas vezes perturbadora. Não sabemos o que vai acontecer daqui a cinco minutos. Sem falar das surpresas mais ou menos traumáticas, não tão raras, provindas, por exemplo, de fenômenos da natureza, como tempestades, terremotos, inundações, deslizamentos de terra, incêndios; assim como da interferência de outras pessoas, algumas mal-intencionadas, como assaltantes ou imprudentes, outras simplesmente ignorantes ou negligentes.

Por consequência, a confiança, atitude oposta à insegurança, é exercício exigido também para os santos e levada por eles ao nível muitas vezes heroico. A seleção feita a seguir, portanto, é de algum modo aleatória, sem a pretensão de ser a mais justa, e, com evidência, muito incompleta. O conhecedor da vida dos santos que ler estas páginas encontrará certamente muitíssimos outros exemplos, talvez até mais adequados. Porém, estes aqui servem como aperitivo para continuarem a busca.

Maria, Mãe de Jesus

Maria é a criatura que, melhor e mais que ninguém, pode nos dizer o que significa confiar. Na pureza de garota simples do campo, viu-se subitamente abordada por um arcanjo, Gabriel, que lhe fazia, da parte de Deus, o anúncio de ter sido escolhida para ser, nada mais, nada menos, a mãe do próprio Criador. Qualquer que seja a interpretação da forma desse encontro, o fato deixou-a entre surpresa, admirada e assustada: "Ela ficou intrigada com essa palavra e pôs-se a pensar qual seria o significado da saudação" (Lc 1,29).

A expressão do Evangelho sobre sua reação ("intrigada") denota equilíbrio emocional, inteligência pronta e prudência, não "perturbação", como tem aparecido em algumas traduções questionáveis. O anjo até lhe diz: "Não temas, Maria!" (Lc 1,30), pois toda novidade sobre o futuro costuma trazer automaticamente uma ponta de insegurança. E a razão disso é que, em geral, como vimos anteriormente, as pessoas comuns se fazem perguntas geradoras de dúvida, como "Será que...?" ou "E se...?". Maria, pelo contrário, quer ter ideia clara sobre tão inesperado convite e lhe pergunta: "Como é que vai ser isso...?". O que a move não é a dúvida, mas a abertura franca da pessoa sempre disponível ao que percebe como vontade de Deus. Por isso, esclarecida pelo anjo, responde resoluta e confiante: "Eu sou a serva do Senhor, faça-se em mim segundo tua palavra!" (Lc 1,38).

Só uma atitude de grande confiança pode estar por trás de sua disposição pronta e decidida de pôr-se a caminho e dirigir-se apressadamente à casa da prima Isabel (Lc 1,39). Afinal, mesmo que tenha aproveitado alguma companhia para a viagem, tratava-se de verdadeira aventura: estava grávida, quase inteiramente só, a distância era grande, e precários eram os meios de transporte. No entanto, era maior sua generosidade: "Pois o amor é forte, é como a morte..." (Ct 8,6). Ia inflamada e confiante do amor de seu Senhor, a ponto de transbordar sensivelmente sobre Isabel essa presença divina e fazê-la exclamar: "Bendita és tu entre as mulheres e bendito o fruto de teu ventre!" (Lc 1,42). E lá ficou ajudando a prima até o nascimento de João.

Teria pensado, então, muitas vezes sobre o que a esperava na volta a Nazaré, quando estariam já aparecendo os sinais da gravidez? Na confiança e com o mesmo equilíbrio interior, entregava sua sorte à providência do Espírito Santo, que a havia fecundado. O que vinha de Deus só podia estar garantido: era sua convicção.

A mesma disposição a acompanhou a caminho de Belém, quando teve de seguir com seu marido José para o recenseamento. Jovem e confiante, acreditou que tudo haveria de dar certo. "Não havia para eles um lugar na sala" (2,7) da residência dos parentes de José. O jeito foi acomodarem-se improvisadamente num "presépio, manjedoura de animais, colocado certamente numa parede do pobre alojamento, tão superlotado, que não se pôde encontrar lugar melhor que este para deitar a criança"[2].

O episódio posterior, da apresentação do menino no Templo de Jerusalém, foi oportunidade, em primeiro lugar, para que Maria renovasse a profunda entrega de si mesma e do filhinho; entrega confiante dos dons recebidos de Deus. Não era insensível. Teria sentido um calafrio percorrer-lhe a espinha ao ouvir a profecia do velho Simeão: "Eis que este menino foi posto para a queda e para o soerguimento de muitos em Israel, e como um sinal de contradição – e a ti, uma espada traspassará tua alma! – para que se revelem os pensamentos íntimos de muitos corações" (Lc 2,33-35)?

Maria tinha consciência de estar lidando com uma realidade muito além de seu controle. O filho de suas entranhas, tão menino e tão natural, tão querido e obediente, era ao mesmo tempo o Filho do eterno Pai, que a surpreendia com uma

---

2. Nota *b* da Bíblia de Jerusalém.

maturidade cheia de graça, sem perder a graciosidade de criança e adolescente. Foi o que a deixou admirada e perplexa naquela ida a Jerusalém aos 12 anos, quando, na volta, ela e José se deram conta de que ele havia ficado na cidade santa. Mas... onde? Foram três dias de busca e aflição (Lc 2,48). Entretanto, ela continuava confiando na proteção de Deus, orando com fervor, fazendo distinção entre o *cuidado*, próprio daquilo que tem valor, e a *preocupação*, atitude de quem fantasia previsões catastróficas.

Durante os mais de trinta anos da vida oculta de Jesus, ela ia observando como ele "crescia em sabedoria, em estatura e em graça, diante de Deus e diante dos homens" (Lc 2,52). E ela "conservava a lembrança de todos esses fatos em seu coração", entregando-se dócil e confiantemente à misteriosa condução do Espírito que guiava a sagrada família.

Ela abençoou seu filho já adulto, que partia para ser ungido no batismo do Jordão, e foi acompanhando sempre que pôde sua vida pública e a pregação que ele havia começado sobre o Reino de Deus e a Boa-Nova. Houve mais momentos de entrega confiante à direção do Espírito, em que, mesmo se lembrando da profecia de Simeão sobre a espada que a traspassaria, nunca perdeu a confiança.

Como "onipotência suplicante", no dizer de Santo Antônio, acompanhou Jesus o tempo todo com sua oração de intercessão. Até chegar ao desfecho trágico de sua Paixão e Morte, assistindo-o com sua presença no caminho do Calvário e, em atitude de coragem heroica, de pé junto à cruz, fazendo junto com ele a entrega total de si mesma ao amor misterioso do Pai. Tinha em seguida o filho morto em seu colo, cheia de piedade, mas sem duvidar de que, após o terceiro dia, haveria de ressuscitar.

Confiante, foi a primeira a ver Jesus ressuscitado, como sugere com razão Santo Inácio de Loyola, nos *Exercícios espirituais*[3]. Além disso, conforme a convicção de que a ressurreição acontece já na morte, é mais provável que, ainda naquele mesmo dia, Jesus lhe tenha aparecido, recompensando-a pela fidelidade heroica e extraordinária confiança. O apóstolo João, a cujo cuidado Jesus a confiou, nunca se referiu a este fato. Talvez não tenha tido mesmo conhecimento dele.

O abismo de graça daquele coração de mãe prosseguiu crescendo em escala assombrosa, inimaginável, acompanhando a primeira comunidade no retiro em preparação para o Pentecostes e, depois, até ela morrer de amor e subir ao céu pela sua Assunção.

São José, esposo de Maria

Homem justo e santo (Mt 1,19), do silêncio e da discrição, expressou-se muito mais pela atitude de entrega confiante do que por tudo que poderia ter sido conservado de suas falas e tratativas, desde o namoro e noivado com a jovenzinha Maria, por quem se apaixonara com razão, e principalmente a partir da

---

3. "Apareceu primeiro à Virgem Maria, o que embora não esteja expresso na Sagrada Escritura, se subentende quando diz que apareceu a muitos outros. Porque a Escritura supõe que somos inteligentes, como está escrito: 'Também vós não tendes ainda entendimento?'" (LOYOLA, Inácio de. *Exercícios espirituais, EE 299, Edições Loyola, 2015*).

descoberta de que ela estava misteriosamente grávida. Viveu o sobressalto e a dúvida, a luta interna entre as duas evidências: a confiança na pureza de Maria e a realidade de ela estar esperando um filho. Acolheu na confiança a manifestação asseguradora do anjo que lhe apareceu em sonhos, esclarecendo sobre a paternidade divina da criança.

De novo apostou na Providência divina, correndo o risco de levar consigo, em viagem a Belém, a esposa jovem em estado adiantado de ter seu filho. Assumiu na fé a paternidade de Jesus, apresentando-o no Templo e presenciando as intrigantes presenças do velho Simeão e da profetisa Ana. Deve ter ficado admirado ao receber a visita dos alvoroçados pastores, que relatavam a inesperada explosão dos anjos em revoada, a cantar "Glória a Deus nas alturas..."; emoção renovada com a súbita chegada dos Magos do Oriente com seus estranhos presentes. De novo deixou-se conduzir pelo anjo na obscuridade da fé, quando foi urgido a levar Maria e o menino para o Egito, assim como para de lá voltarem após a morte de Herodes.

José como que desaparece na penumbra de Nazaré nos anos que se seguiram, envolvido no trabalho de sua carpintaria e possivelmente, como se crê, nas construções fora da aldeia, em cidades planejadas[4], assim como na educação do menino a

---

4. Séforis (em grego clássico: Σεπφώρις; transl.: *Sepphóris*), conhecida também como Diocesareia, foi, no tempo de Herodes, o Grande, uma importante cidade e o centro administrativo da Galileia. Após a morte de Herodes, a cidade foi centro da rebelião na Galileia. Com o esmagamento da rebelião, a cidade foi praticamente destruída. Nazaré, onde viviam Maria e seu filho Jesus

quem tratava como filho. Viveu certamente perplexo, como Maria, diante do mistério de ter a seu lado o próprio Criador feito gente, tão pequenino e frágil então, em sua realidade de carne e osso. Imenso e constante exercício da virtude da confiança!

Os santos mártires

Confirmando a sentença de Jesus, de que "não há maior amor do que dar a vida pelos seus amigos", os mártires foram os campeões do amor confiante, apostando na prova do amor pela entrega total e generosa da própria vida. Dar a vida, mais que qualquer outra experiência, é dar um salto no escuro.

Santo Estêvão, diácono

Foi o primeiro mártir de que se tem notícia. Seus adversários não suportaram a sabedoria e o Espírito que o levavam a falar. Acusado por falsas testemunhas, foi tido como blasfemo e apedrejado, inclusive sob as vistas do jovem Saulo de Tarso, ainda não convertido na ocasião. Sua confiança teve, ainda em vida, a recompensa de fazer-lhe ver a glória do céu: "Estêvão, porém, repleto do Espírito Santo, fitou os olhos no céu e viu a glória de Deus, e Jesus, de pé, à direita de Deus. E disse: 'Eu vejo

---

durante esses acontecimentos, fica nos seus arredores, a 7 km. Hoje, as proporções inverteram-se: Nazaré é a cidade principal e Séforis, uma aldeia nos seus arredores. Disponível em: https://pt.wikipedia.org/wiki/S%C3%A9foris. Acesso em: 10/09/2023.

os céus abertos, e o Filho do Homem, de pé, à direita de Deus'" (At 7,55-57).

Santo André, apóstolo

Nascido em Betsaida, primeiro foi discípulo de João Batista. Seguiu depois a Jesus e levou a sua presença o irmão, Simão, Pedro. Junto com Filipe, apresentou a Cristo os pagãos e apontou o rapaz que levava pães e peixes, que foram servidos na multiplicação feita por Jesus. Depois de Pentecostes, pregou o Evangelho em muitas regiões e foi crucificado na Acaia, inclusive, de cabeça para baixo.

Santo Inácio de Antioquia

Imediato sucessor de Pedro, governou a Igreja de Antioquia. Condenado às feras, foi levado a Roma, sob o império de Trajano, e ali coroado de glorioso martírio no ano de 107. Em viagem, escreveu sete cartas a diversas Igrejas, em que fala com sabedoria e erudição sobre Cristo, a constituição da Igreja e a vida cristã. Escrevia aos romanos: "Tenho escrito a todas as Igrejas e a todas elas faço saber que, com alegria, morro por Deus, contanto que vós não mo impeçais. Suplico-vos: não demonstreis por mim uma benevolência intempestiva. Deixai-me ser alimento das feras; por elas pode-se alcançar a Deus. Sou trigo de Deus, serei triturado pelos dentes das feras para tornar-me o puro pão de Cristo. Rogai a Cristo por mim, para que por este meio me torne sacrifício para Deus".

Santa Águeda

De família muito rica, provavelmente foi martirizada em Catânia, na Sicília, na perseguição de Décio (252). O governador Quintiliano, impressionado com sua beleza, fez-lhe propostas indecorosas, às quais resistiu. Foi torturada várias vezes e curada milagrosamente das feridas. Ao juiz admirado respondeu: "Vê e reconhece a onipotência de Deus, a quem adoro. Foi ele quem me curou as feridas e me restituiu os peitos. Como podes, pois, exigir de mim que o abandone? Não – não poderá haver tortura, por mais cruel que seja, que me faça separar-me do meu Deus"[5].

São Carlos Lwanga e companheiros

Foram mortos entre os anos de 1885 e 1887, em Uganda, pelo rei Mwanga, por ódio à religião. Alguns exerciam cargos no próprio palácio, outros estavam a serviço do rei. Uns foram mortos à espada, outros queimados vivos, por não terem consentido nos desejos infames do monarca.

São Maximiliano Kolbe, Maksymilian Maria Kolbe
(8 de janeiro de 1894 a 14 de agosto de 1941)

Nascido em Zdunska Wola como Rajmund Kolbe, era um padre franciscano da Polônia, devotíssimo da Imaculada

---

5. Texto disponível em: https://soucatolico.com.br/santa-agata-martir-protetora-contra-os-males-dos-seios-das-doencas-mamarias/. Acesso em: 10/09/20023.

Conceição e promotor do jornalismo católico. Preso no campo de concentração de Auschwitz pelos nazistas, voluntariou-se para morrer de fome em lugar de um pai de família, como castigo pela fuga de um prisioneiro.

Alguns santos canonizados

São Francisco de Assis

Nasceu em 1182, em uma família abonada. De gênio folgazão e alegre, preferiu a entrega absoluta de si mesmo ao amor de seu Senhor para viver despojado de todos os bens, confiando a vida à condução do Espírito de Deus, na solidão e na oração. Exortando as pessoas à penitência, acabou atraindo muitos jovens a unir-se a ele, no mesmo estilo de vida, dando assim início à fundação da Ordem Franciscana. Dizia: "Meus Deus e meu tudo!", porque via no Senhor a única fonte de sua segurança.

Santo Inácio de Loyola (1491-1556)

Empolgado com as aventuras de cavalaria, dedicou às armas sua juventude, a serviço do Rei Carlos V, assim como à galanteria das cortes. Ferido durante a defesa da cidadela de Pamplona contra os franceses de Francisco I, foi levado com honras pelos próprios adversários até o castelo de Loyola, onde viveu dura convalescença e quase morreu. Na leitura da *Vida de Cristo* e da *Vida dos santos*, únicos livros disponíveis no castelo, entrou em generoso processo de conversão e decidiu dedicar a vida ao serviço do Rei eterno e universal, Jesus Cristo. Reuniu companheiros, igualmente motivados por meio dos seus *Exercícios espirituais*, e com eles fundou a Companhia de Jesus, a ordem dos jesuítas que desde então produziu tantos missionários, santos e mártires. Dizia que só uma coisa poderia perturbar-lhe a paz, a saber, a notícia de que o papa viria extinguir a Ordem, assim mesmo pelo breve tempo de quinze minutos, pois estes lhe bastariam para reacender a confiança diante do Sacrário.

Santa Teresa

Nascida em Ávila, na Espanha, teve ótima educação religiosa. Entregue por algum tempo à companhia de parentas que a levaram a uma vida de vaidades, voltou atrás e, após uma doença em que decidiu pela vida religiosa, fugiu de casa para internar-se no mosteiro das Carmelitas. Teve seus altos e baixos na vida de fé, mas alcançou a graça de uma constante firmeza por intercessão de Maria Santíssima e São José. Impressionada com a revelação do inferno, resolveu restabelecer a Regra carmelitana em todo o rigor primitivo, apesar da resistência do clero e dos religiosos. Fundou trinta e dois mosteiros e reformou outros tantos, inclusive masculinos. Não lhe faltaram sofrimentos físicos e morais, mas foi imperturbável na paciência e na confiança, sempre renovadas pela Eucaristia. Foi declarada Doutora da Igreja.

São José Cottolengo (1791-1842)

Desde pequeno sonhava em arrumar lugar para acolher os pobres e doentes desamparados. Ordenado sacerdote, o primeiro espaço que conseguiu foi a Volta Rossa, com dois pequenos quartos. Tendo recebido a ordem de fechá-la por causa do perigo do cólera-morbo, tranquilamente respondeu, como proveniente de aldeia: "A Divina Providência transplantará o depósito da Volta Rossa para onde lhe aprouver, e lá tomará grandeza e aumento, de modo a ser uma couve maravilhosa". Começou daí a sua obra, a Piccola Casa dela Divina Providenza. Explicava assim o nome: "Chama-se Piccola Casa porque, comparada com todo o mundo, que é na verdade a casa da Divina Providência, é evidentemente uma casa pequena. Chama-se, em segundo lugar, da Divina Providência para que lhe sejam conhecidos a natureza e o fim. A sua natureza, porque não é casa ou obra do homem, mas casa e obra da Divina Providência, onde só ela manda, guia, dirige e, com isso, faz resplandecer esse seu divino atributo. O seu fim, porque está aberta não só aos doentes privados de todo auxílio, mas também a todos os infelizes, de ambos os sexos, que venham pedir o pão da Divina Providência".

Diante do Santíssimo Sacramento, José Cottolengo e outros cristãos, que se uniram a ele nesta experiência de Deus, buscavam ali forças para bem servir aos necessitados, pois dizia: "Se soubesses quem são os pobres, os servirias de joelhos!". A alguns amigos, que o aconselhavam a garantir financeiramente a obra para o futuro, dizia sorrindo: "Fico-lhes muito agradecido pelo bom coração que mostram para comigo. Mas têm a meu respeito pensamentos que nunca tive. Não sou eu que providencio acerca das receitas da Casa da Divina Providência. Eu, por mim, não poderia sequer sustentar um pobre. Quem a sustenta é Deus. E Deus sustentará a Pequena Casa, mesmo que ela seja grande como o mundo".

Uma tarde, uma Irmã se apresentou a Cottolengo, dizendo-lhe que, para as despesas do dia seguinte, apenas tinha um marengo (moeda piemontesa), a única moeda que lhe sobrara. O Padre olhou a moeda de ouro e disse: "Como é linda! E quem sabe quantas moedas ela não chamará para a Pequena Casa?" E, dizendo isso, jogou-a fora pela janela. Ficou estonteada a Irmã pela coragem e confiança do Padre Cottolengo. Mas, logo depois, chegou um benfeitor que entregou uma grande quantia de dinheiro. O Padre recebeu-a sem contar e mandou chamar a Irmã, a quem disse: "Eu não dizia que o marengo havia de frutificar? Pode ir, e providencie tudo que for necessário". Nesse sentido, resistiu mais de uma vez a semelhantes propostas do rei Carlos Alberto, assim como do grande amigo e santo Dom Bosco, que tinha suas obras também ali em Valdocco.

Santa Josefina Bakhita (1869-1947)

Religiosa da Congregação das Filhas da Caridade (Canossianas), nasceu no Sudão e morreu em Schio (Vicenza, Itália). Pequena ainda, foi raptada e, pelo susto, esqueceu o próprio nome. Recebeu dos raptores esse nome de Bakhita, que significa "afortunada". Vendida e comprada várias vezes como escrava nos mercados de El Obeid e Cartum, sofreu física e moralmente, até que a comprou o cônsul italiano Calixto Legnani, que a levou para a Itália. Pela primeira vez não era tratada com chicote para obedecer às ordens, mas com brandura e respeito.

A pedido da esposa do cônsul, Maria Turina, foi morar com eles em Veneza, como babá da filhinha. Por força da viagem dos patrões para a administração de novo hotel no mar Vermelho, foi confiada junto com a menina aos cuidados das Irmãs Canossianas do Instituto dos Catecúmenos de Veneza, onde veio a conhecer ao Deus que desde pequena "sentia no coração sem saber quem ele era". Vendo o sol, a lua e as estrelas, dizia consigo mesma: "Quem é o patrão dessas coisas tão bonitas?". E sentia uma vontade imensa de vê-lo, conhecê-lo e prestar-lhe homenagem.

Batizada a 9 de janeiro de 1890 com o nome de Josefina, gostava de beijar a pia batismal, dizendo: "Aqui me tornei filha de Deus!". Corajosamente resistiu quando a patroa veio buscá-la para levá-la de novo à África, porque queria permanecer com as Irmãs. Em 1896 consagrou-se para sempre como religiosa àquele que, com carinho, chamava "o meu Patrão", sendo bordadeira, sacristã e porteira do convento. Dizia: "Se eu encontrasse os negreiros que me raptaram e também aqueles que me torturaram, eu me ajoelharia e beijaria suas mãos, porque, se não tivesse acontecido tudo isso, eu não seria hoje cristã e religiosa".

9

O lado prático da confiança

O mecanismo de uma virtude

Falar de "virtudes" é falar de hábitos, de maneiras costumeiras e espontâneas de agir, de traços de caráter. Como diz o nome, são fruto de esforço (*virtus*, em latim). São hábitos morais (*mos* = comportamento, em latim), bons modos de agir e viver; daí se poder falar de uma vida "virtuosa". Isso não significa atitude própria de pessoas dóceis, submissas e calmas, muito pelo contrário, porque supõe muitas vezes o empenho e a perseverança de um virtuose do piano, que dedilha no teclado seis horas por dia; ou a constância quase heroica do pesquisador de qualquer área, que investiga e indaga pertinazmente até descobrir o que buscava[1].

> A virtude não é nem indiferença estoica (*apatheia*) nem hábito mecânico, mas força espiritual numa realização alegre.

---

1. Há estreita ligação entre o assunto das virtudes e a questão urgente dos valores. Sobre eles, vale conferir meu livro *Paixão pela vida, dos valores ao valor*, 2020.

> Ela também não é virtuosidade superficial. Ela orienta a vida partindo de uma decisão profunda, ao mesmo tempo em que existe permanente disposição para ao bem. É constantemente animada pela aceitação alegre do valor que nela se encarna. Consequentemente, a virtude só é possível quando há verdadeira introspecção do valor e do amor que ela possui[2].

Recordando ainda uma vez a regra básica da psicologia, segundo a qual o que *pensamos* (imaginamos, lembramos, idealizamos, refletimos) produz automaticamente o que *sentimos*, e, geralmente, acabamos *exteriorizando* isso no organismo ou nos contatos sociais como resultado. Então, podemos concluir que toda virtude tem início e fundamento em nossa maneira de pensar, no modo como encaramos as realidades, no enfoque pelo qual contemplamos o mundo em que vivemos, ou seja, todo agir virtuoso é fruto daquilo que se origina em nossa mente, naquilo em que acreditamos, nas nossas convicções a respeito do que é valor ou contravalor.

Na parede de um estabelecimento estava escrito o seguinte ditado: "Os pensamentos tornam-se ações, as ações tornam-se hábitos, os hábitos tornam-se o caráter e o caráter torna-se nosso destino". Em outras palavras, somos responsáveis por aquilo que pensamos, pois daí depende nosso futuro, próximo e remoto.

Assim, "quando a opção fundamental de alguém impregna de tal forma o seu íntimo que se torna uma atitude fundamental,

---

2. STEINBÜCHEL, TH., *Philosophische Grundlagen der katholischen Sittenlehere*, cit. por HÄRING, BERNHARD, *Livres e fiéis em Cristo*, São Paulo, Paulinas, 1982, vol. 1, 186.

surgem novas perspectivas, novas intuições e novas disposições. Desenvolve-se a tendência ulterior para pensar, desejar e agir de forma tal que a pessoa passa a ser merecedora de confiança, e então, já não há dúvida a respeito da identidade ou do caráter dela"[3].

Em nosso caso, a virtude da confiança está na origem da segurança em todos os relacionamentos. Com relação a Deus, porque acreditamos em seu amor paciente, pelo qual nos dá sempre os recursos necessários. Com relação aos outros, porque acreditamos em sua bondade. A confiança é uma das faces da virtude da esperança. Por isso, nos abre horizontes para a possível realização dos sonhos mais legítimos. E quem não os tem? "A esperança cristã é realista, já que nos une ao Senhor da história, a Cristo, que é o nosso futuro aberto. Ela garante continuidade em nossa opção fundamental em face do sentido último e da meta final[4]."

Uma pessoa que está em paz consigo mesma só o consegue porque tem ideias claras sobre o maior número possível de coisas da sua vida e da sua experiência. Isso não a impede de simultaneamente admitir algumas desconfianças em seu discernimento, porque, como diz o provérbio, "nem tudo que brilha é ouro". Igualmente pode a pessoa, nos inícios de sua conversão, mais temer a Deus que confiar, porque ainda não chegou a amadurecer a fé no seu amor, ainda vive a consciência dos próprios erros e, consequentemente, uma ponta de temor. É uma delicada questão de amadurecimento e de equilíbrio na valorização

---

3. HÄRING, *Livres e fiéis em Cristo*, 1982, 89.
4. Ibid., 195.

de tudo que conhece. No entanto, o grande *motivo* de se viver a confiança há de ser, em última análise, *acreditar no amor ou na benquerença do outro*, ou, ainda, na não nocividade ou má vontade da pessoa ou da coisa com que se está lidando.

Outro aspecto significativo da confiança é a atitude de "coragem". Ter ou não ter coragem parece mais propriamente um simples equívoco. Coragem é energia disponível para agir ou reagir quando necessário. Ora, energia é a base da vida, não falta a ninguém. O que falta é permissão de usá-la. É evidente que existem obstáculos para o que, no sentido oposto, chamamos de "covardia". Seria ou uma atitude de submissão acrítica de quem está acostumado a abaixar a cabeça ou a tendência perfeccionista e escrupulosa nascida do medo de errar. "Onde fé e confiança vibrantes criam a integridade e a totalidade da pessoa, há coragem para aceitar a própria limitação, coragem de ser-para-os-outros, coragem para empenhar-se profundamente em prol da justiça e da paz, ainda que isso acarrete o risco de cometer erros."[5]

A coragem ou confiança com que precisamos enfrentar as dificuldades simples de cada dia passa pelo processo mais ou menos automático de tomar decisões, o que supõe em cada pessoa a confiança nas próprias forças e nos próprios recursos. Mais ainda se supõe a confiança nas situações de médias e grandes decisões, como fazer uma viagem internacional, mudar de endereço e, mais ainda, mudar o estado de vida, como casar ou terminar um relacionamento sério.

---

5. Ibid., 90.

O treinamento da confiança

Ser pessoa competente na prática de uma virtude significa ter as características e habilidades necessárias para praticá-la. Quanto mais difícil a virtude em pauta, tanto maior há de ser o treinamento para consegui-la. Não é à toa que os atletas, candidatos de maratonas e das Olimpíadas passam meses seguidos fazendo sistematicamente aquilo que pretendem conseguir no dia da competição. Com efeito, treinamento é processo, é caminho gradual na consecução do novo hábito que se pretende alcançar. A confiança, por tudo que já pudemos refletir até o momento, é virtude especialmente difícil, requer treinamento árduo e perseverante.

Sendo a confiança uma *atitude*, um modo como encaramos a vida, seu treinamento há de começar com o enfoque que temos de todas as coisas. Baseamo-nos no fato de que todas as coisas criadas têm dois lados: um *positivo*, expressão da bondade do Criador, e outro *negativo*, representando as imperfeições e os limites desagradáveis de tudo que é simples criatura. Em consequência, é fundamental que tenhamos uma visão bonita, sem deixar de ser realista, sobre tudo que nos cerca; que tenhamos pensamento positivo, animador, construtivo e esperançoso a respeito de pessoas, objetos e acontecimentos; que nada nos deixe pessimistas sobre a vida e nossas circunstância[6].

---

6. "O filósofo Schopenhauer escreveu que 'a nossa felicidade depende mais do que temos nas nossas cabeças do que nos nossos bolsos'. Rui Barbosa fez esta declaração: 'A felicidade está dentro de nós. A infelicidade está fora,

Às vezes a realidade pode nos parecer tão chocante que confiar se torna verdadeiro desafio. Mesmo assim, é necessário continuarmos apostando num resultado feliz, porque sempre algo de bom continua presente, sempre se poderá encontrar algum saldo favorável no final das contas.

> Emerson, o filósofo, poeta, vidente, que exerceu muita influência sobre a vida norte-americana, escreveu o seguinte: "Acreditais que eu sou filho das circunstâncias. Eu, porém, crio as próprias circunstâncias da minha vida. Deixai que qualquer pensamento ou motivo meu seja diferente daquilo que realmente são; a diferença transformará a minha condição e economia. Eu – este pensamento que é chamado eu – é o molde em que o mundo está vazado como se fosse cera fundida. Vós chamais o poder das circunstâncias, mas é, de fato, o meu poder... A história de Cesar mostra o que foi César. Jesus agiu assim porque pensou assim". Você é o resultado dos seus pensamentos. O pensamento molda a sua vida[7].

***

---

e somos nós que a vamos procurar'. Confúcio, certa vez, expressou-se assim: 'O homem será feliz se souber encontrar o céu dentro de si'. La Rochefoucauld trouxe mais uma luz em torno de assunto tão vital: 'Quem não encontrar a felicidade em si mesmo, é inútil procurá-la em outra parte'. Aristóteles, o famoso filósofo grego, que viveu há dois mil anos, escreveu: 'A felicidade não se encontra nos bens exteriores'" (TREVISAN, LAURO, *Otimismo e felicidade*, Santa Maria, Distribuidora da Mente, 1982, 17).

7. Ibid., 33.

Outro passo no treinamento da confiança consiste em *expulsar nossos medos*, como se faz com uma criança que tem medo do escuro: muitas vezes o que lhe falta é acender as luzes e perceber que não há o que temer. Existem, na verdade, mais *inseguranças* do que propriamente medos. No entanto, o que as pessoas costumam inadequadamente chamar de "medo" preenche uma longa lista dessas inseguranças: "medo" de críticas, de enfrentar os desafios da vida, de não passar no vestibular, de ficar doente, de sair de casa, de falar em público, de levar um fora, de fracassar num projeto, de engordar ou emagrecer, de ser assaltado, de sofrer um acidente, de ser mordido por cobras e insetos, de morrer, de ficar sozinho, de não casar ou ficar pra tia, de ser rejeitado, de não conseguir emprego, de enfrentar autoridades e até de ficar louco.

***

Também aqui vale a estratégia de "não lutar contra nada, mas a favor do positivo oposto". As pessoas muitas vezes tropeçam na tentativa infeliz de lutar contra medos e defeitos. Caminham com isso de olhos fixos no problema, queixam-se dele, dizendo uma e outra vez que não o querem mais. Mas o que fazem, na realidade, é fixar ainda mais a imagem detestável daquilo que pretendem abandonar: quanto mais olham, mais gravam e mais se perturbam. Além disso, sem perceberem estão como que andando de costas, com perigo de levarem um tombo. O mais prático e eficiente, porém, é em primeiro lugar ter consciência do problema para poderem tomar as providências necessárias; em seguida, descobrirem qual o oposto, isto é, a solução positiva que merece ser alcançada e, logo, sem perder tempo, começar a caminhar decididamente nessa nova direção. À medida que forem progredindo, sentir-se-ão necessariamente mais felizes, animadas e recompensadas. Quando se lembrarem do problema original, perceberão como ele já ficou lá, bem longe.

***

Mais uma vez faz parte do treinamento a *repetição insistente dos princípios norteadores*, tanto os do bom senso (de que traremos uma coleção logo mais) quanto os da fé. Precisamos ficar vacinados por esse meio, construindo assim como que um pano de fundo luminoso e positivo de nossa consciência, de maneira a reagirmos automaticamente de modo positivo e sem hesitar em dúvidas quando precisarmos sustentar atitude mais saudável.

A Sagrada Escritura, livro mais importante da humanidade, nos traz em profusão uma verdadeira coleção desses princípios. Seguem aqui mais algumas citações, além das que anteriormente citamos, porque, melhor do que ninguém, poderão iluminar nossos caminhos e desfazer nossas dúvidas e inseguranças.

> Jesus respondeu (aos ouvintes): As coisas impossíveis aos homens são possíveis a Deus (Lc 18,27).
>
> Por isso vos digo: tudo quanto suplicardes e pedirdes, crede que já o recebestes, e assim será para vós (Mc 11,24).
>
> Pedi é vos será dado; buscai e achareis; batei e vos será aberto; pois todo o que pede recebe; o que busca acha e ao que bate se lhe abrirá. Quem dentre vós dará uma pedra a seu filho, se

este lhe pedir pão? Ou lhe dará uma cobra, se este lhe pedir peixe? Ora, se vós que sois maus sabeis dar boas dádivas aos vossos filhos, quanto mais vosso Pai que está nos céus dará coisas boas aos que lhe pedem? (Mt 7,7-11).

Se alguém tem sede, venha a mim e beberá, aquele que crê em mim! Conforme a palavra da Escritura: "De seu seio jorrarão rios de água viva" (Jo 7,37-38).

Eu vim para que tenham a vida, e a tenham em abundância (Jo 10,10).

Deixo-vos a paz, minha paz vos dou: não vo-la dou como o mundo a dá. Não se perturbe nem se intimide vosso coração (Jo 14,27).

Em verdade vos digo, se alguém disser a esta montanha: ergue-te e lança-te ao mar, e não duvidar no coração, mas crer que o que diz se realiza, assim lhe acontecerá (Mc 11,23).

Vinde a mim todos os que estais cansados sob o peso do vosso fardo e vos darei descanso. Tomai sobre vós o meu jugo e aprendei de mim, porque sou manso e humilde de coração, e encontrareis descanso para vossas almas, pois meu jugo é suave e meu fardo é leve (Mt 11,28-30).

***

Eis que amas a verdade no fundo do ser, e me ensinas a sabedoria no segredo... Faze-me ouvir o júbilo e a alegria, e dancem os ossos que esmagaste (Sl 51,8.10).

Quanto a mim, estou sempre contigo, tu me agarraste pela mão direita; tu me conduzes com teu conselho e com tua glória me atrairás (Sl 73,23-24).

Deus é nosso refúgio e nossa força, socorro sempre alerta nos perigos. E por isso não temremos se a terra vacila, se as montanhas se abalam no seio do mar; se as águas do mar estrondam e fervem e com sua fúria estremecem os montes (Sl 46,1-4).

Só em Deus, ó minha alma, repousa, dele vem a minha esperança; só ele é minha rocha, minha salvação, minha fortaleza – não tropeço! Em Deus está minha salvação e minha glória, em Deus está o meu forte rochedo. Em Deus está o meu abrigo. Confiai nele, ó povo, em qualquer tempo, derramai vosso coração em sua presença, pois Deus é abrigo para nós! (Sl 62,6-9).

Descarrega teu fardo em Iahweh, e ele cuidará de ti; ele jamais permitirá que o justo tropece (Sl 55,23).

Procuro Iahweh, e ele me atende, e dos meus temores todos me livra (Sl 34,5).

10

Pensando a respeito

Trago listas com alguns pensamentos colhidos em vários lugares, alguns já foram citados anteriormente nesta obra e outros foram acrescentados com intenção de iluminar e potencializar nossa reflexão ainda mais. Eventualmente servirão como apoio para nos planejarmos na conquista da confiança.

Sobre a confiança em geral

- Confiança é como papel: uma vez amassado, nunca mais volta a ser perfeito como antes.
- A confiança é contagiante. A falta dela também (Michael O'Brien).
- Otimismo é esperar pelo melhor. Confiança é saber lidar com o pior (Roberto Simonsen).
- Confiança: anos para ganhar, segundos para perder.
- Quando há confiança, nenhuma prova é necessária.
- A maior necessidade deste mundo é de confiança e amor (André Gide).

- Talvez eu seja enganado inúmeras vezes, mas não deixarei de acreditar que, em algum lugar, alguém merece a minha confiança (Aristóteles).
- Confiança é como uma borracha... Fica menor a cada erro cometido.
- A maior prova de amor é a confiança (Joyce Brothers).
- A confiança é um ato de fé, e esta dispensa raciocínio (Carlos Drummond de Andrade)[1].
- A confiança, de níveis e tipos variados, está na base de muitas decisões cotidianas que tomamos na orientação de nossas atividades (Anthony Giddens)[2].

Sobre desconfiança e obstáculos à confiança

- Não há como andar de mãos dadas com um pé atrás.
- Aprenda: confiança não tem sete vidas!
- Quando você quebra uma promessa, destrói também toda a confiança que depositaram em você.
- Cuidado com a mentira, pois, basta que uma seja descoberta, para que toda a confiança fique abalada.
- Aquele que é feliz espalha felicidade. Aquele que teima na infelicidade, que perde o equilíbrio e a confiança, perde-se na vida.
- Sofrer decepções faz parte da vida, e não podemos deixar que elas afetem nossa confiança no dia de amanhã.

---

1. DRUMMOND DE ANDRADE, *O avesso das coisas*, 1990.
2. GIDDENS, *Modernidade e identidade*, 2002.

- Não se pode confiar em quem não confia em ninguém.
- Tenha fé e confie, pois Deus poderá fazer acontecer, amanhã, o que hoje parece impossível.
- Ame, acredite e deposite confiança, mas mantenha reservas, porque o ser humano é capaz das maiores decepções.
- A melhor maneira de deixar para trás o passado é depositar toda sua confiança no presente, como garantia do futuro.
- Quando entramos em um novo projeto, acreditamos nele do começo ao fim.
- De novo, você não pode ligar os pontos olhando para o futuro, você só pode ligá-los olhando para o passado. Então você precisa confiar que os pontos vão, de alguma maneira, se ligar no futuro. Você precisa confiar em alguma coisa, seu Deus, destino, vida, carma, qualquer coisa. Porque, acreditar que os pontos vão se ligar em algum momento vai lhe dar confiança para seguir seu coração, mesmo que o leve para um caminho diferente do previsto. E isso fará toda a diferença (Steve Jobs)[3].
- O homem se torna muitas vezes o que ele próprio acredita que é. Se insisto em repetir para mim mesmo que não posso fazer uma determinada coisa, é possível que acabe me tornando realmente incapaz de fazê-la. Ao contrário, se tenho a convicção de que posso fazê-la,

---

3. Discurso proferido durante a formatura de uma turma de alunos da Universidade de Stanford, Califórnia, Estados Unidos, em 2005.

certamente adquirirei a capacidade de realizá-la, mesmo que não a tenha no começo (Mahatma Gandhi)[4].
- Eu acredito na capacidade de se concentrar fortemente em algo, então, você é capaz de extrair ainda mais disso. Tem sido assim toda a minha vida, e foi só uma questão de melhorar isso, e aprender mais e mais, e praticamente não há um fim. Conforme você avança, você continua encontrando mais e mais. É muito interessante, é fascinante (Ayrton Senna)[5].
- Deus é forte, ele é grande, e, quando ele quer, não tem quem não queira (Ayrton Senna)[6].
- De certa forma não posso acreditar que haja tantas barreiras que não possam ser escaladas por um homem que sabe os segredos de como tornar os sonhos realidade. Esse segredo especial pode ser resumido em quatro C's. Eles são: curiosidade, confiança, coragem e constância. E o maior de todos ele é a confiança. Quando você acreditar em uma coisa, acredite nela até o fim (Walt Disney)[7].

---

4. GANDHI, MAHATMA, *The Encyclopaedia of Gandhian Thoughts*, New Delhi, All India Congress Committee (I), 1985, 297.

5. Frase citada em uma entrevista que Ayrton Senna deu para o documentário "Racing is in My Blood", de 1992.

6. Trecho de entrevista dada por Ayrton Senna após sua memorável vitória no GP da Europa de 1993, no circuito de Donnington Park, em 11/04/1993.

7. MARTIN, KEVIN A., *Perceive This! How to Get Everything You Want Out of Life by Changing Your Perceptions of the Universe*, Indiana: iUniverse, Incorporated, 2004.

- É divertido fazer o impossível, pois lá a concorrência é menor (Walt Disney)[8].
- Nós confiamos na nossa habilidade de fazê-lo da maneira certa (Walt Disney)[9].

Sobre a confiança em si mesmo

- Não desista! Geralmente é a última chave no chaveiro que abre a porta (Paulo Coelho).
- A confiança que temos em nós mesmos reflete-se, em grande parte, na confiança que temos nos outros (François La Rochefoucauld).
- Confiança para tentar, fé para fortalecer.
- Quanto mais conheço minha força, menos temo os obstáculos da vida.
- A confiança em si próprio é o primeiro segredo do êxito (Ralph Waldo Emerson).
- Você ganha forças, coragem e confiança a cada experiência em que enfrenta o medo. Por isso, precisa fazer exatamente aquilo que acha que não consegue.
- No nosso amor encontrei a segurança que me faltava, e, ao seu lado, a confiança para enfrentar o mundo.
- Que a confiança que você tem em si mesmo seja do tamanho dos seus maiores sonhos.

---

8. SKLAR, MARTIN A., *Walt Disney's Disneyland*. Burbank: Walt Disney Productions, 1965.

9. Exposição de frases de Walt Disney no parque Magic Kingdom, em 2013.

- Se o dinheiro for a sua esperança de independência, você jamais a terá. A única segurança verdadeira consiste numa reserva de sabedoria, de experiência e de competência.
- Acredite nas suas capacidades e nunca permita que mentes pobres e pequenas enfraqueçam sua confiança!
- Como pode alguém que não acredita em si mesmo demonstrar segurança para que outros o enxerguem de uma forma positiva?
- Não inveje o próximo nem te acomodes à situação atual! Almeja o tesouro infinito que existe em teu interior e avança com determinação para extraí-lo! Este é o melhor caminho para teu desenvolvimento (Masaharu Taniguchi)[10].
- A verdadeira grandeza consiste em sermos senhores de nós mesmos (Daniel Defoe)[11].
- O homem que não acredita em nada se equipara ao que acredita em tudo, com a vantagem de que dificilmente se engana (Carlos Drummond de Andrade)[12].
- Se você precisa de alguém para confiar, confie em você mesmo (Bob Dylan)[13].

---

10. TANIGUCHI, *A verdade da vida*, 1992, 21.
11. DEFOE, *Robinson Crusoé*, 1815, 465.
12. DRUMMOND DE ANDRADE, *O avesso das coisas*, 1990.
13. BUCHBAUM, *Frases geniais que você gostaria de ter dito*, 2004, 102.

Sobre confiar nos outros

- Eu não confio facilmente. Portanto, se eu disser que confio em você, não me faça me arrepender.
- Há muitas razões para duvidar e uma só para crer (Carlos Drummond de Andrade).
- Aquele que não tem confiança nos outros, não lhes pode ganhar a confiança (Lao-Tsé).
- Como a confiança é assunto sério, não desiluda quem confia em você nem desconfie sem motivo.
- Traição é destruir em pouco tempo a confiança que levou anos para ser conquistada.
- A traição não é apenas um passo em falso. É a escolha de um caminho perigoso que pode não ter retorno.
- Por que ainda insisto em dar confiança a quem não me traz boas lembranças?
- A confiança é o ponto de partida para uma união de sucesso.
- A maior garantia de um amor verdadeiro é quando duas pessoas não se incomodam com os defeitos do parceiro.
- Não me peça para acreditar, demonstre que eu posso confiar.
- No caos que é a vida e o mundo, por fim encontrei meu lugar seguro ao seu lado.
- Preciso de segurança, de amor, de compreensão, de atenção, de alguém que se sente comigo e fale: "Calma,

eu estou com você e vou te proteger! Nós vamos ser fortes juntos, juntos, juntos" (Caio Fernando de Abreu).
- Já não acredito em palavras vazias. Quem gosta de mim deve provar com atos que merece minha confiança.

Referências

ANDRADE, Carlos Drummond. *O avesso das coisas*: aforismos. Rio de Janeiro: Record, ²1990.

BÍBLIA de Jerusalém. São Paulo: Paulus, 1985.

BOVER, José M., S.J. *Novi Testamenti Biblia Graeca et latina*. Madrid: Matrit, 1962.

BUCHBAUM, Paulo. *Frases geniais que você gostaria de ter dito*. São Paulo: Ediouro, 2004.

CLARICE LISPECTOR. Disponível em: claricelispectorclarice.blogspot.com. Acesso em: 05/09/2023.

DEFOE, Daniel. *Robinson Crusoe*: a New Edition Revised and Corrected for the Advancement of Nautical Education… by the Hydrographer of the Naval Chronicle. London: J. Gold/Joseph Mawman, 1815.

FELDMANN, Paulo. Era dos robôs está chegando e vai eliminar milhões de empregos. *Folha de São Paulo*, 29/07/2018. Caderno "Ilustríssima.

GANDHI, Mahatma. *The Encyclopaedia of Gandhian Thoughts*. New Delhi: All India Congress Committee (I), 1985.

GIDDENS, Anthony. *Modernidade e identidade*. Oxford: Polity Press, 2002.

HÄRING, Bernhard. *Livres e fiéis em Cristo.* São Paulo: Paulinas, 1982, vol. 1.

LACERDA, Milton Paulo de. *Paixão pela vida, dos valores ao valor*. São Paulo: Loyola, 2020.

LOYOLA, Inácio de. *Exercícios espirituais de Santo Inácio*. São Paulo: Loyola, 2015.

MARTIN, Kevin A. *Perceive This!* How to Get Everything You Want Out of Life by Changing Your Perceptions of the Universe. Indiana: iUniverse, Incorporated, 2004.

MUNDO DAS MENSAGENS. Disponível em: https://www.mundodasmensagens.com. Acesso em: 04/09/2023.

PEALE, Norman Vincent. *O poder do entusiasmo*. São Paulo: Cultrix, 1967.

PENSADOR. *Frases*. Disponível em: https://www.pensador.com/frases/. Acesso em: 04/09/2023.

RACING IS IN MY BLOOD. Direção Jean Claude Guiter. IMDbPro. Vídeo, 52 min, 1992.

RAVASI, Gianfranco. *A narrativa do céu*. São Paulo: Paulinas, 1942, vol. 1, p. 64.

SKLAR, Martin A. *Walt Disney's Disneyland*. Burbank: Walt Disney Productions, 1965.

SOU CATÓLICO. *Santa Ágata, mártir*: protetora contra os males dos seios, das doenças mamárias. Ipatinga, Disponível em: https://soucatolico.com.br/santa-agata-martir-protetora-contra-os-males-dos-seios-das-doencas-mamarias/. Acesso em: 10/09/2023.

SPADARO, Antonio. *Adesso fate le vostre domande*: conversazioni sulla Chiesa e sul mondo di domani. Collana: Rizzoli, 2017.

TANIGUCHI, Masaharu. *A verdade da vida*. Seicho-No-Ie do Brasil, 1992.

TREVISAN, Lauro. *O poder do jovem*. Santa Maria: Distribuidora da Mente, 1982.

WIKIPÉDIA. *Séforis*. Disponível em: https://pt.wikipedia.org/wiki/S%C3%A9foris. Acesso em: 10/09/2023.

Edições Loyola

editoração impressão acabamento

Rua 1822 n° 341 – Ipiranga
04216-000 São Paulo, SP
T 55 11 3385 8500/8501, 2063 4275
www.loyola.com.br